à Monsieur P. Sarasin
respectueux hommage de l'auteur
Rue de Berthier

GÉNÉALOGIE DE LA MAISON DE BERTHOU

EN BRETAGNE

GÉNÉALOGIE

DE LA MAISON

DE BERTHOU

EN BRETAGNE

NANTES
IMPRIMERIE MODERNE — DEROUAL, JOUBIN ET Cie
24, RUE DU CALVAIRE, 24

1896

INTRODUCTION

Berthou, en Bretagne, « l'une des anciennes maisons de l'Évêché de Saint-Brieuc [1] », porte :

D'or à l'épervier de sable, la tête contournée, tenant en sa patte dextre un rameau de Sinople, accompagné de trois molettes de sable posées : 2, 1.

Elle a été déclarée noble d'ancienne extraction par arrêt du 30 janvier 1669 [2].

ÉTYMOLOGIE

Berth, en ancien breton, signifie : beau, clair, brillant, illustre [3]. Le pluriel breton se forme par *o* ou par *ou,* selon les dialectes. *Berthou* est donc un pluriel et signifie soit : les hommes clairs, soit : les hommes illustres. L'on écrivait jadis indifféremment : *Berthou, Bertou, Bertho.*

ORIGINE COMMUNE DES BERTHO ET DES BERTHOU

Les Bertho, S^{gr} de Cargouët et de Vauvert, autre famille bretonne de la même contrée, portent les mêmes armes que les Berthou, avec cette seule différence que leur épervier est « grilleté et sonnetté de sable » au lieu de tenir

---

1. Cf. Guérin de la Grasserie : Armorial de Bretagne.
2. Bibl. rue Richelieu à Paris ; ms. fonds français, 8317, tome Ier, p. 49.
3. Cf. J. Loth, Chrestomathie bretonne, 1re partie, breton armoricain, et Ch. Troude, dern. édit. du dict. breton-français.

un « rameau de sinople ». Les deux familles descendent d'un auteur commun, et bien que l'on n'ait pu trouver jusqu'ici le point auquel elles se rattachent, leur séparation ne peut guère être postérieure au milieu du XIVe siècle[1]. La différence assez légère des deux écus ne constitue qu'une brisure de juveigneurie pour l'une d'elles. D'ailleurs, comme on écrivait jadis indifféremment Bertho et Berthou, il est difficile de les distinguer dans les anciens textes. Une branche des Bertho, Sgrs de Cargouët, portait l'épervier « grilleté et sonnetté de gueules », autre brisure de juveigneurie.

Plusieurs membres de cette famille remplirent d'importantes fonctions, prirent part à des actions honorables et s'allièrent à d'anciennes maisons, parmi lesquelles on peut citer : Le Maistre, Dollo, Rocquel, Kerimel, Langourla, Kergozou, Talhouët, Quelen, Du Maz, La Bourdonnaye, Barrin, en Bretagne ; Rarécourt, en Lorraine ; Raët, en Brabant et Hainaut.

Elle produisit plusieurs hommes d'armes et écuyers au service des ducs de Bretagne aux XIVe et XVe siècles, plusieurs officiers dans les armées royales aux XVIIe et XVIIIe siècles, un juge criminel à Rennes au XVIIe siècle[2], et plusieurs conseillers au Parlement de Bretagne[3].

On peut consulter à son sujet :

1º Bibl. rue Richelieu, à Paris. Ms. fonds français, nº 8317. — C'est le meilleur et plus complet extrait des arrêts de la réformation de 1668-1671. Placé dans le département des manuscrits, il a été négligé par la plupart des généalogistes portés à s'adresser de préférence au Cabinet des Titres.

---

1. Cf. la généalogie des Bertho aux pièces justificatives, d'après le ms. français 8317. — Les chefs de ces deux familles étaient, à la fin du XVe siècle, Jean Berthou, Sgr des Fontaines, époux de Catherine Le Maistre, et Jean Bertho, époux de Marie Jocet, dame de la Cherquetière. M. de Courcy, dans son nobiliaire, attribue à ce dernier la paternité du premier, et en fait ainsi l'auteur des Berthou. Nous ne saurions partager cette opinion. Jean Bertho et Jean Berthou vivaient à la même époque, et il n'est pas vraisemblable que l'un ait été père de l'autre, particularité que l'arrêt de la chambre de réformation n'eut pas manqué de mentionner. Leurs familles respectives étaient déjà distinctes et séparées, et il faut remonter plus haut pour trouver leur point commun de départ.

2. Cf. Guy Le Borgne, écuyer, Sr de Treuscoat : Armorial de Bretagne.

3. Cf. Liste générale de Nosseigneurs du Parlement de Bretagne, depuis son érection en 1554, jusqu'en 1725. — Rennes, Vatar, 1725, 1 vol. in-12 de 67 pages.

2° Ibid. Mss. fonds français, n°ˢ 8311 et 8312. « Anciennes réformations de la noblesse de Bretagne. »

3° Ibid. Cabinet des Titres ; Généalogies Chérin, Dossiers bleus de d'Hozier, Cabinet de d'Hozier, Carrés de d'Hozier, etc., dossiers Bertho et Berthou.

4° M. A. Kerviler. Bio-bibliographie bretonne, articles Bertho et Berthou.

5° M. Fred. Saulnier, conseiller à la cour de Rennes : « Guillaume Berthou de Kervaudry et ses descendants. » Broch. in-8°, tirage à part d'une étude parue dans la « Revue historique de l'Ouest », en 1890.

II

PRÉFACE

1° Un « *Berthou* » signe comme témoin une charte de donation à l'Église de Saint-Cado en Belz, dioc. de Vannes, antérieure à 1069 — *Cartulaire de Quimperlé, n° CIII.*

2° Etienne Berthou reçoit sept sous dans le testament de Geoffroi de la Soraye, en 1256. — *Geslin de Bourgogne et Anat. de Barthélémy. Anciens Evêchés de Bretagne. Evêchés de Saint-Brieuc, III, p. 126).*

3° Guillaume Berthou (de Plouha) emprunte cent sous à l'abbaye de Beauport en 1271, et la même année, aumône une terre à cette abbaye. — *Ibid. IV, p. 191.*

4° Lucas Berthou, mari de Lucie, fille de Guillaume Le Forestier, chevalier, autorise sa femme à aumôner des terres à l'abbaye de Beauport, en 1271. — *Ibid. IV, p. 192.*

5° Bertrand Berthou met son sceau au bas d'un acte d'emprunt contracté par Bertrand de la Bourdonnaye, en 1298. — *Ibid. III, p. 199.*

6° Geoffroi Berthou, commandeur de Quessoy, ordre de Saint-Jean de Jérusalem, diocèse de Saint-Brieuc, en 1312. — *Ibid. VI, p. 109.*

7° Alain Berthou ou Bertou, mentionné en 1319 et 1320. (Assiette de 200 livres de rente faite par Gui de Bretagne à Simon de Montbourcher. *D. Morice. Preuves, I, col. 1288)* [1].

---

1. « ... Item, quatre journeux ou environ que les Gautiers tiennent en la Ville Desmee de la terre es Bertous. ... »
   « ... Item, sur les tenors de la terre qui fu Alain Bertou, quatre livres treize souls de convenant. ... »

8º Jehan Bertou, archer, dans la monstre d'Even Charruel, en 1356. — *D. Morice. Preuves, I, col. 1503.*

9º Jegou Berthou rend hommage au vicomte de Rohan à Pontivy, le 17 Juillet 1396. — *Ibid. II, col. 672.*

10º Pierre Berthou rend hommage au vicomte de Rohan, à Hennebont, le 20 Juillet 1396. — *Ibid. II, col. 673.*

11º Jehan Berthou, escuier, dans la monstre de Jehan de Rousserf, le 15 Novembre 1415. — *D. Lobineau, II, col. 906.*

12º Merien Berthou, reçu escuier dans la compagnie d'Olivier Payen, escuier, le 1er Septembre 1416. — *D. Morice. Preuves, II, col. 915.*

13º Jehan Berthou, homme d'armes sous Jehan de Penhouët, admiral de Bretagne, le 27 Juin 1420. — *D. Morice. Preuves, II, col. 1013.*

14º Nicolas Bertou prête serment de fidélité au duc, parmi les chevaliers et écuyers du pays de Goëllo, en 1437. — *Chambre des Comptes de Bretagne, à Nantes : Armoire E, cassette A, nº 5. Original exposé sous verre dans le cabinet de l'archiviste, à Nantes.* — *D. Lobineau, II, col. 1052, 1053.*

15º « Nicolas Berthou et sa mère », parmi les nobles de Trévéneuc, en 1441. — *Bibl. rue Richelieu, à Paris. Fonds français, ms. 8312.* — *Anc. réform. de la nobl. de Bret., p. 188 verso ; et ms. des anc. réform. de Bret. à la bibl. de la ville de Nantes.*

16º Procédure contre Jacques d'Epinai, évêque de Rennes, en 1456 : « ... Johannem Du Parc, Johannem Du Bot, Johannem Berto ..., laïcos « arcitenentes et clientes ». — *D. Lobineau, II, col. 1172.* — *D. Morice, Pr. I, col. 1691.*

17º Compte d'Olivier Le Roux, trésorier du duc Arthur III, en 1457 : « A ... Jehan Bertho ... qui avait été archier du corps de feu le duc « Pierre ... ». — *D. Lobineau, II, col. 1204.*

18º Compte du même, en Décembre 1457 : « Deffrois pour le premier voyage du duc vers le Roi : ... Jehan Bertho, six saluz valant VII livres ». — *D. Morice. Preuves, I, col. 1724.*

19º Jehan Berthou, archer de la garde du duc, en 1459. — *D. Lobineau, II, col. 1259.*

III

GÉNÉALOGIE

DEPUIS L'ÉPOQUE OU LES FILIATIONS

PEUVENT SE RECONNAITRE

Geoffroi Berthou épousa Marie de Vaucouleurs.
D'argent à l'aigle à deux têtes éployé, de sable.
Il vivait au XIVe siècle.

Pierre Berthou épousa Catherine de Kervenou [1].
D'or à la croix de sable.

Rolland Berthou épousa Suzanne Bruslon.
D'argent au griffon passant de sable.

Jacques Berthou épousa Louise de Langourian.
D'argent au bœuf passant de gueules [2].

Jean Berthou, Sr des Fontaines, en Saint-Quay, du Minihy et de Kercadoret, mentionné dans la réformation de 1453 et aux montres générales des

---

1. Ce nom n'est pas écrit clairement sur le document que nous reproduisons et qui est la copie d'un plus ancien.
2. Ces quatre générations, qui n'ont pas été présentées à la réformation de 1668, sont établies par une ancienne généalogie conservée avant 1789 au château de la Violaye, paroisse de Fay, dioc. de Nantes.

nobles de l'Evêché de Saint-Brieuc, en 1483, vivait en 1445. — Il épousa Catherine Le Maistre, d'une maison d'ancienne chevalerie. — *D'azur à l'épée dressée d'or.* — *Cf. Briant de Laubrière, nobil. de Bret., à ce nom.* — Ils eurent trois fils :

1° Pierre Berthou, S^{gr} des Fontaines, mentionné aux réformations de 1513 et 1535 et à l'arrière-ban de 1543, comme père de son fils Jacques [1], épousa Françoise Dollo ou Dollou, de la maison de Pontlo (ou Poullou). — *De gueules aux dix billettes d'argent : 4, 3, 2, 1.* — Il partagea ses puînés en 1511.

2° Jean Berthou, cadet, reçut son partage le 7 Juin 1511. Il épousa Jeanne Le Bras, morte en Avril 1521. Tous deux étaient morts en 1522.

3° Guillaume Berthou, religieux.

Branche aînée dite DE KERORIOU

Descendance de Pierre Berthou et de Françoise Dollo

Jacques Berthou, S^{gr} des Fontaines, épousa en Juin 1537, Marie Rocquel, fille du seigneur de Kergoléau et Gouazfourment. — *(D'argent aux six fasces de gueules en devise et aux deux merlettes de sable).* — Mentionné aux montres des nobles de Goëllo tenues à Lamballe en 1543, et à la réformation de 1535. La postérité de son fils aîné Rolland, s'éteignit à la deuxième génération. Il partagea sa sœur Marie le 3 Juillet 1544, et eut quatre enfants :

1° Rolland Berthou épousa Gillette de Turnegoët ;

2° Perrine Berthou épousa Gilles de la Noë ;

3° Jan Berthou, S^{gr} de la Villeaudren, mort vers 1596, épousa Louise Raison, dame de Keroriou [2] (en Quemperguézennec). — *(D'hermines plein, chargé de trois annels de sable)* ;

---

1. V. Bibl. rue Richelieu à Paris ; ms. fonds français 8312. Anc. réform. de Bretagne, page 180, paroisse de Saint-Qué.
2. On écrit indifféremment : Kerouriou, Keroriou, Kerourio.

4° Catherine Berthou épousa Gilles de Kerimel, S^{gr} de Garzambie. — *(D'argent aux trois fasces de sable, chargées d'un lion issant de même).*

Descendance de Rolland et de Gillette de Turnegoët

Philippe Berthou qui épousa Catherine du Houlle. Il en eut deux filles :

1° Jeanne Berthou qui épousa François de Langourla, S^{gr} de Lespineguen, et en secondes noces, Christophe Gouyon, S^{gr} de la Villepierre.

2° Renée Berthou qui épousa Pierre Le Guiller, S^{gr} de Kerveno.

Descendance de Jean Berthou et de Louise Raison

1° Marguerite Berthou.

2° Henri de Berthou, S^{gr} de Keroriou, épousa Jeanne du Houlle, fille d'Abel du Houlle, S^{gr} de Tronscorff (en Langoëlan). — *D'azur à la croix d'or.*

3° Rolland Berthou.

Descendance d'Henri et de Jeanne du Houlle

1° René de Berthou, S^{gr} de Keroriou, né à..., mort en Sainte-Croix de Vannes le 22 Novembre 1676, inhumé le 23 aux Cordeliers de cette ville, épousa, en Saint-Germain de Rennes, le 25 Novembre 1653, Jeanne de Kergozou (fille de Philippe de Kergozou, S^{gr} de Kersalmon, et de Perrine Callo), baptisée en Saint-Germain de Rennes, le 13 Novembre 1629, décédée le 6 et y inhumée le 7 Avril 1699. — *De gueules à la croix d'or chargée d'une barre d'argent.*

2° Perrine de Berthou.

Descendance de René de Berthou et de Jeanne de Kergozou. — Cinq enfants

1° René de Berthou, né le 18, baptisé le 30 Septembre 1655 à Saint-Germain de Rennes.

2º Marie-Françoise de Berthou, née et baptisée le 12 mars 1659 à Saint-Germain de Rennes, morte religieuse hospitalière à Rennes, le 22 Septembre 1686 [1].

3º Catherine de Berthou, née le 2 Septembre 1660, morte en Saint-Germain de Rennes le 2 et y inhumée le 3 Mai 1701, épousa le 6 Février 1681 Jean des Hayers, S^{gr} de Bourgnouveau, substitut du Procureur général au Parlement de Bretagne.

4º René-François de Berthou, S^{gr} de Keroriou et de Tronscorff (en Langoëlan), né en Saint-Germain de Rennes le 22 Mai 1664, établi à Nantes, paroisse Saint-Vincent, en Août 1706, mort en Sainte-Radegonde de Nantes le 8 Mai 1743; épousa en Sainte-Radegonde de Nantes, le 3 Novembre 1706, Catherine Meusnier, née à Nantes le 24 Mai 1685 en Sainte-Croix, morte le 9 Mai 1754 au château de Villeneuve en Abbaretz.

6º Guillaume-Joseph de Berthou, né le 17 Août 1667, mort le 4 Décembre 1675 en Saint-Germain de Rennes.

Descendance de René-François et de Catherine Meusnier. — Trois enfants

1º Jean-Marie de Berthou, né le 2, baptisé le 4 Février 1714 à Sainte-Radegonde de Nantes.

2º Jeanne de Berthou, née et baptisée le 18 Octobre 1716, morte le 17 et inhumée le 18 Avril 1764 à Sainte-Radegonde de Nantes, épousa le 27 Novembre 1742, Joseph-Charles du Maz, chevalier, S^{gr} de Villeneuve en Abbaretz. Leur fils, Pierre-François du Maz, S^{gr} de Villeneuve, fut conseiller au Parlement de Bretagne, épousa N. Loquet de Granville, émigra vers 1791 et mourut en émigration sans postérité. Leur fille, Sophie-Marie-Marguerite du Maz épousa M. de Bino. Ces derniers habitèrent la Savinaye en Puceul (diocèse de Nantes).

---

1. Cf. L'Hôpital Saint-Yves de Rennes et les Religieuses de la Miséricorde de Jésus, Rennes, Plihon et Hervé, 1895. — Par le Comte de Bellevue : « Nº 77, 1679 ; Mme Marie-« Françoise de Berthou (M. Emmanuel de Sainte-Gertrude) née en 1659, fille du baron de « Cicé, conseiller au Parlement et de Demoiselle de Kergozou. Elle entra à Saint-Yves en « 1679 et y mourut le 22 Septembre 1686. » — Il y a ici une erreur, la baronnie de Cicé n'ayant passé qu'à la branche de Kerverzio et seulement en 1763. Voir plus loin les Berthou de Kerverzio.

3º Jean-Jacques de Berthou, chevalier, S^gr de Keroriou, Tronscorff, Guergrom (en Langoëlan), conseiller en 1772, puis avocat-général au Parlement de Bretagne, né le 24 Novembre 1723, baptisé le 16 Juin 1724, habita le château de Tronscorff en Langoëlan (diocèse de Vannes), et un hôtel à Nantes, près le château, paroisse Sainte-Radegonde. Il épousa le 10 Mars 1747, Albertine-Justine-Jeanne-Marie de Raët van der Voort, libre baronne du Saint-Empire Romain, dont il eut neuf enfants [1].

Descendance de Jean-Jacques et d'Albertine de Raët

1º Marie-Catherine-Vincente de Berthou, née le 8 Janvier 1748, morte à Quimperlé le 22 ou le 27 Mai 1824, épousa Claude-Hyacinthe de Brindejonc de Bermingham (d'origine irlandaise ; le mot Brindejonc est la traduction française de l'ancien nom irlandais).

2º Juste-Albert-Irénée de Berthou, né le 11 Janvier 1751, capitaine au régiment de Bourgogne-Infanterie, chevalier de Saint-Louis depuis la conquête de la Corse où son régiment se trouvait, retraité comme Lieutenant-Colonel d'Infanterie. — Mort aux Mortiers en Saint-Etienne-de-Montluc (diocèse de Nantes), le 27 Décembre 1834. — Il épousa à Valognes en Normandie (contrat du 20 Avril 1781), Charlotte-Toussaint d'Heu, née le 20 Février 1755, morte aussi aux Mortiers le 1er Septembre 1835.

3º Esprit-Ange-Albert de Berthou, habita la Bourdinière et la Savinaye (en Puceul), diocèse de Nantes. Il mourut à la Savinaye le 1er Avril 1832.

4º Anne-Thomine-Prudence de Berthou, née au château de Tronscorff, épousa le 28 Juillet 1785, François Royer des Champs, Officier aux Dragons du Roi. Ils habitèrent Grenoble en Dauphiné. De ce mariage :

5: Thomine-Françoise-Renée Royer des Champs, née à Claix en Dauphiné le 24 Juillet 1786, mariée le 6 Décembre 1808 à Denys-René-Marie Riou du Cosquer (né le 24 Septembre 1784 de Denys Riou du Cosquer, Avocat au Parlement de Bretagne, ancien subdélégué de l'Intendant de Bretagne, et de Jeanne-Jacquette-Olive Jouan de Kernoter). D'où postérité.

---

1. Cf. Inventaire sommaire des archives du Morbihan, par M. Rosenzwerg, pages 54, 56, 57. (E. supplément, 926). — Archives départementales de la Loire-Inférieure : E. 654 (Liasse). Archives de la Mairie de Nantes : Registre des baptêmes, mariages, sépultures de la paroisse Sainte-Radegonde, 1742, 1748, 1749.

4. Mmes de Montlahuc et Gallery, mortes, la première à Serres (Hautes-Alpes), la seconde à Grenoble.

5° Constance-Aimée-Simonne-Flore-Gabrielle-Jeanne-Justine-Marie de Berthou, née à Louvain le 28 Janvier 1759, morte au Reste en Langoëlan, près le château de Tronscorff, le 10 Janvier 1825, épousa Pierre-Jacques-Anne de Rémond du Chélas, Chevalier de Saint-Louis, Colonel d'Infanterie, mort au Reste, âgé de 67 ans, le 8 Septembre 1826. D'où postérité.

6° René-Arnould [ou Armand]-Constant de Berthou, était mort en 1824.

7° Jeanne-Charlotte-Angélique de Berthou épousa Bernardin-Denys-Joseph de Nave de Chantrain, officier aux Grenadiers Wallons, au service de Hollande.

8° Anne-Jacquette-Félicité de Berthou, religieuse Carmélite des Coëts près Nantes, dernière abbesse de ce monastère fondé par Françoise d'Amboise, veuve de Pierre II, duc de Bretagne. Elle mourut le 25 Février 1815.

9° Le chevalier de Berthou, vivait en 1824[1].

Descendance de Juste-Albert-Irénée de Berthou et de Charlotte d'Heu. — Trois enfants

1° Charles-Juste de Berthou, né à Valognes en Normandie le 4 Novembre 1783, mort à Nantes, rue des Etats n° 15, près le château, le 13 Octobre 1853, épousa en premières noces, Justine Mazeau de la Tannière, dont il eut un fils : Charles-Alexandre-Albert de Berthou, né en 1810, de la promotion de Saint-Cyr de 1828, Officier d'Infanterie sous Charles X, démissionnaire en 1830, mort à Tours le 8 Décembre 1895 ; — en secondes noces, le 21 Mai 1822, à la

---

1. Un numéro de journal flamand de l'an 1804, conservé aux archives du Plessis-Guerry, paroisses du Pallet et de Monnières (diocèse de Nantes), à propos d'une succession provenant de la maison de Raët en Brabant, donne l'ordre des naissances de plusieurs des précédents. De plus, dans une série de lettres écrites en 1824, à Juste-Albert-Irénée de Berthou, par son neveu Auguste du Chélas, exécuteur testamentaire de Mme de Brindejone, il est fait allusion à « deux Demoiselles de Berthou qui suivirent leurs maris en Amérique », probablement pendant la révolution, et habitèrent New-York. Elles étaient héritières pour partie de Mme de Brindejone. M. du Chélas leur écrivit, mais depuis on perdit leurs traces.
Une lettre en date de 1776, également conservée au Plessis-Guerry, et adressée à M. du Maz de Villeneuve, conseiller au Parlement de Bretagne, parle d'un certain « M. de Berthou » qui n'est pas désigné autrement, nommé gouverneur [« président du conseil supérieur »] du Cap-Français à Saint-Domingue, et qui y mourut de la fièvre jaune ou mal de Siam peu après son arrivée.

chapelle de Saint-Michel, ancienne trêve de Monnières, Marie-Aimée-Clotilde Barrin de la Galissonnière, fille unique et héritière du dernier marquis de la Galissonnière et de Bonne-Laurence-Elisabeth de Mauger (Normandie), née à Londres, en émigration, le 15 Août 1799, morte au Plessis-Guerry, paroisses du Pallet et de Monnières, le 8 Septembre 1854.

2° Juste-Charles de Berthou, tué dans un combat naval pendant les guerres de l'Empire.

3° Jeanne-Julie-Louise de Berthou qui épousa Jean-Armand du Chalard, ancien Chef d'escadron, Chevalier de Saint-Louis, Aide-de-camp du prince de Hohenlohe pendant les guerres de l'émigration, mort à Saint-Léonard en Limousin, âgé de 84 ans, le 16 Novembre 1849. D'où postérité.

Descendance de Charles-Juste de Berthou et de Clotilde Barrin. — Cinq enfants

1° Marie-Magdeleine-Charlotte de Berthou, née le 23 Août 1823, morte à Nantes, le 7 Mai 1828.

2° Albert-Roland-Cyprien-Athanase de Berthou, né le 8 Juillet 1825, Élève de l'École de Saint-Cyr en 1845, Lieutenant aux combats des rues de Paris en 1848, prit part comme capitaine de grenadiers à la bataille de Magenta, puis à celle de Sedan en 1870. Emmené prisonnier à Wiesbaden, il rentra en France et fut au deuxième siège de Paris en 1871.

3° Paul-Adrien-Alexandre de Berthou, né le 1er Janvier 1828, Officier de marine, fit plusieurs campagnes, notamment en Océanie, comme Aspirant sur la corvette la Danaé, en 1848, visita Taïti, les Marquises, prit part à une expédition contre les naturels de San-Christobal, etc. Il épousa le 9 Novembre 1858 à Saint-Nicolas de Nantes, Claire Bertrand-Geslin (fille du baron Charles Bertrand-Geslin et de Marie-Apoline Farrouilh, issue d'une ancienne famille irlandaise établie en France au XVIIe siècle). Il mourut au Plessis-Guerry le 2 Mai 1859.

4° Marie-Bonne-Juliette de Berthou, née le 31 Mars 1829, épousa le 3 Juillet 1849 à la chapelle Saint-Michel du Pallet, son cousin germain, Charles du Chalard, Ingénieur de la Marine. Elle mourut à Indret le 4 Février 1852, laissant un fils. — M. du Chalard, né en 1817, se remaria à Mlle de Taveau (Poitou), dont il eut un fils mort jeune et deux filles qui se marièrent dans la suite à MM. de Boisgrollier et de Bonneville. Il se noya dans la Loire au-dessous de Nantes, le 9 Mai 1868.

5° Henry-Arthur-François de Berthou, né le 26 Mars 1833.

Descendance de Paul de Berthou et de Claire Bertrand-Geslin

Paul-Albert de Berthou, né le 20 Décembre 1859, épousa Henriette-Emilie Blaringhem.

Descendance de Juliette de Berthou et de Charles du Chalard

Paul du Chalard, né en Janvier 1852, épousa Mlle Baron de Bellegarde et mourut à Limoges le 12 Mars 1895, laissant deux fils : Christian et Roland du Chalard.

Branche cadette dite DE KERVERZIO et DE LA VIOLAYE

Descendance de Jan Berthou, fils cadet de Jan, S^{gr} des Fontaines en Saint-Quay, et de Jeanne Le Bras. — Trois enfants

1° Pierre Berthou, S^{gr} de Kervaudry, veuf en 1556 de Françoise de Trolong, épousa Perronnelle Le Veer. — Il mourut à Lanvollon en 1568. Il eut de Françoise de Trolong une fille : Marie Berthou, mariée dans la suite au fils d'Yves Jehannot qui épousa Perronnelle Le Veer devenue veuve.

2° Roland Berthou.

3° Marie Berthou.

Descendance de Pierre et de Perronnelle Le Veer. — Cinq enfants

1° Guillaume Berthou, S^{gr} de Kervaudry, épousa, vers 1585, Françoise

Hémery veuve de François Harscouët, Sr de Kerverzio (en Plouha). Il mourut en 1619 [1].

2° Yvon Berthou, Sr du Run, non marié. Il vivait encore en 1601.

3° Vincent Berthou, Sr de Kerdaniel et de Kerily, épousa Françoise du Maugoër. D'où trois filles et un fils : Guillaume, Sr de Kerily, baptisé à Pleguien, le 2 Septembre 1603, mentionné dans la réformation de 1669.

4° Françoise Berthou, partagée le 14 Juin 1596, reçut un supplément de partage le 19 Avril 1601.

5° Jacques Berthou décédé jeune.

Descendance de Guillaume, Sr de Kervaudry, et de Françoise Hémery, dame de Kerverzio. — Deux enfants

1° Jean Berthou, Sr de Kervaudry, épousa le 19 Août 1619, Guillemette Turcelin. Il mourut à Rennes en 1652 et sa femme en 1655. Ils eurent onze enfants.

2° Renée Berthou épousa le 9 Juin 1610, Claude de Rosmar, Sr de Saint-Georges. Elle était morte avant le 17 Novembre 1651, laissant un fils : Guillaume de Rosmar.

Descendance de Jean et de Guillemette Turcelin

1° René Berthou, Sr de Kerverzio, né et baptisé en Saint-Germain de Rennes le 23 Décembre 1620, inhumé de même à Saint-Germain le 17 Décembre 1656, épousa à Morlaix en 1651, Magdeleine Crouëzé, dame du Tréanguer et de la Roche-Martin, qui vivait encore en 1694.

2° Julien Berthou, Sr de la Motte, né en Saint-Germain de Rennes le 19 Janvier 1636, mort en Avril 1697 au manoir de Buhard en Tregomeur, épousa en premières noces en 1661, Marie Duval dont la fille, Marie, épousa en 1692, Louis de la Bouëxière, Sr du Restolle ; — et en secondes noces en

---

1. Voir la brochure que lui a consacrée M. Frédéric Saulnier (Revue historique de l'Ouest, 1890).

1673, Françoise Collet, dont il eut deux fils et une fille : Claude-Julien, Jean-François, Marguerite.

3° Julienne Berthou, née en Saint-Germain de Rennes le 31 Mars 1623, mariée le 7 Janvier 1646 à Claude de Boisgelin, S^{gr} de la Villemarquer.

4° Louise Berthou, religieuse Ursuline à Fougères.

Etc.

Descendance de René et de Magdeleine Crouëzé

1° Jean-Olivier de Berthou, S^{gr} de Kerverzio, né le 22 Mai 1652, Président des Requêtes au Parlement de Bretagne, épousa le 27 Février 1683, Françoise Alain, dame de Lancelin et de la Mare. Il mourut le 24 Juin 1715 et fut inhumé à Saint-Germain de Rennes. Sa femme née en Septembre 1666 mourut le 15 Mai 1727.

2° René Berthou, S^{gr} de Lanivinon, né le 28 Juillet 1656, épousa Hélène Ménage qui vivait encore en 1723. Il en eut : Angélique-Agathe, née en 1688, mariée à Pleucadeuc le 21 Février 1713 à Olivier de la Houssaye ; Jean-René, né en 1689, Lieutenant au Régiment de Coëtquen en 1702 ; Madeleine-Olive, née en 1691 ; Bonaventure, qui épousa Maurille de Quelen, S^{gr} de Saint-Bihy.

3° Magdeleine Berthou, née en 1654, épousa à Saint-Germain de Rennes le 29 Juin 1670, Jean-Armand de Talhouët, S^{gr} de Sévérac et de la Grationnaye.

Descendance de Jean-Olivier et de Françoise Alain

1° Jacques Berthou, S^{gr} de Kerverzio, né en Saint-Germain de Rennes le 26 Mars 1684, Conseiller au Parlement de Bretagne en 1708, mort le 12 Février 1755, épousa le 16 Avril 1714 à Toussaint de Rennes, Renée-Thérèse de Crocelay de la Violaye.

2° Jean-Olivier Berthou de Kerverzio, né en Saint-Germain de Rennes le 8 Novembre 1689, mort à Nantes en Saint-Laurent le 26 Mai 1777, Abbé de Pornic, Grand-Chantre et Grand-Vicaire du diocèse de Nantes.

3° Pierre Berthou, chevalier de Kerverzio, né en Saint-Germain de Rennes le 2 Septembre 1705, Capitaine au Régiment du Roi, mort sans alliance à Paris le 8 Janvier 1747.

Descendance de Jacques et de Renée-Thérèse de Crocelay

1º Jacques-Louis de Berthou, Comte de Kerverzio, né au château de la Violaye (en Fay), le 13 Septembre 1716, Conseiller au Parlement de Bretagne, mort à Rennes le 24 Juin 1763 et inhumé à Saint-Georges, épousa Julie-Vincente Champion de Cicé, héritière principale et noble du baron de Cicé. Ils se marièrent au château de Cicé en Bruz, le 7 Septembre 1744. Sa femme, née en 1719, mourut en 1775.

2º Jean-François, Comte de Berthou de la Violaye, né à la Violaye le 8 Octobre 1718, Capitaine aide-major au Régiment du Roi (après avoir été Conseiller au Parlement de Bretagne), Président par élection de l'Ordre de la Noblesse aux États de Bretagne assemblés à Rennes en 1782, était encore vivant à la fin de 1792 [1]. Il épousa à Paris à Saint-Nicolas des Champs, le 13 Septembre 1751, Jeanne-Etiennette Guillaume de Chavaudon de Sainte-Maure (Champagne). (Voir le *Mercure de France* de Septembre 1751). Ils eurent dix enfants.

Descendance de Jacques-Louis et de Julie-Vincente Champion de Cicé

Julie-Renée de Berthou, dame de Kerverzio, née au château de Cicé le 3 Juillet 1745, épousa à Rennes le 6 Novembre 1764, Charles-Sévère-Louis de la Bourdonnaye, Marquis de Montluc, Conseiller au Parlement de Bretagne, et mourut au château de Laillé le 18 Décembre 1809. Ils eurent plusieurs enfants. Un seul, le second, a laissé postérité :

Charles-Marie-Etienne de la Bourdonnaye, Comte de Montluc (26 Août 1770 — 12 Avril 1840), épousa en émigration, à Munster en Westphalie, le 14 Août 1798, Eléonore-Frédéricque Pross, morte à Rennes le 18 Janvier 1813. De ce mariage :

Henri-Charles-Marie de la Bourdonnaye, Comte de Montluc, né à Guichen le 24 Germinal an XII, seul survivant des enfants de cette union, resté veuf et sans enfant, adopta N. de la Monneraye, héritier de son nom.

---

[1]. L'Abbé Brottier *neveu* lui dédia ses « Règles et préceptes de santé de Plutarque, traduits du grec par Jacques Amyot, Grand-Aumônier de France ». — Paris, J.-B. Cussac, 1785, 1 vol. in-8º de 112 pages avec un charmant portrait d'Amyot, gravé par Ponce et dessiné par Marchand.

Descendance de Jean-François et de Jeanne-Étiennette de Chavaudon

1º Jean-Jacques-Marie, Comte de Berthou de la Violaye, né à Cicé le 11 Mai 1754, Officier au Régiment de la Vieille-Lorraine, épousa le 17 Mai 1785, Charlotte-Félicité de Rarécourt de la Vallée de Pimodan, fille du marquis de Pimodan. Il habita à Paris l'hôtel Pimodan, anciennement de Lauzun, 17, quai d'Anjou, dans l'île Saint-Louis. — M. Edouard Fournier, dans ses « Chroniques et Légendes des rues de Paris », rapporte qu'il trouva un refuge, pendant les plus mauvais jours de la Terreur, dans les immenses souterrains de cet hôtel et put s'évader de Paris.

2º Jeanne-Emilie de Berthou de la Violaye, née en Saint-Paul de Paris le 15 Juin 1756, épousa à Saint-Pierre de Rennes, le 21 Janvier 1777, Claude-Joseph de Monti, S^{gr} de Bogat. Elle vivait encore en 1837.

3º Agathe-Louise-Etiennette de Berthou de la Violaye, née le 2 Octobre 1760, épousa N. de Kerouallan.

4º Florian-Jean-René de Berthou de la Violaye, dit le chevalier de la Violaye, né le 15 Décembre 1761 à Cicé en Bruz, Aspirant de Marine, mort vers 1777.

5º Alexandre-Jean-Baptiste-Louis de Berthou de la Violaye, né à Paris le 19 Janvier 1763, Officier au Régiment du Maréchal de Turenne en 1779, émigra Lieutenant en 1792. Rentré en France après les guerres d'Allemagne, il vécut à Nantes et à la Joue en Fay. Il mourut à Nantes, Chevalier de Saint-Louis, le 27 Mars 1843 et fut inhumé à Fay. En 1790, il épousa Bonne-Jeanne-Scholastique de la Haie (Normandie) qui mourut le 29 Janvier 1835, laissant une fille.

6º Etiennette-Emmanuelle-Sainte de Berthou de la Violaye, née en Saint-Sauveur de Rennes le 15 Mai 1765, épousa en Saint-Pierre de Rennes le 18 Septembre 1787, René-Ange de la Guerrande, S^{gr} de la Villecoleue, chef de nom et armes. Ils eurent deux enfants.

7º Jean-Henri de Berthou de la Violaye, dit le chevalier de la Violaye, né à Nantes le 3 Septembre 1766, Lieutenant de vaisseau, demanda à faire partie de l'expédition autour du monde commandée par La Peyrouse, et fut refusé, les cadres étant au complet. Il émigra en Angleterre, prit part à l'expédition de Quiberon, fut pris en vertu de la capitulation et fusillé au Champ des

Martyrs près d'Auray, le 31 Juillet 1795. — M. Eugène de la Gournerie, dans ses « Débris de Quiberon » parus en 1875 dans la Revue de Bretagne et de Vendée [1], a publié une lettre qu'il écrivit de sa prison, la veille de sa mort, à sa belle-sœur, née de Pimodan.

Descendance de Jean-Jacques-Marie et de Charlotte de Rarécourt

1° Jean-Charles-Henri, Comte de Berthou de la Violaye, né au château de la Violaye le 26 Septembre 1786, célibataire en 1837, vivait en Lorraine à cette époque, près de sa sœur la Baronne de Cholet.

2° Henriette-Charlotte-Elisabeth-Agathe de Berthou de la Violaye, née à la Violaye le 17 Novembre 1787. Elle vécut en Lorraine et épousa à Paris le 27 Septembre 1810, le Baron Adrien-Charles de Cholet, député de la Meuse sous la Restauration et mort en 1868 [2].

Descendance de Jeanne-Emilie et de Claude de Monti de Bogat

Un fils mort à 21 ans sans alliance.

Deux filles mariées à MM. de Ploger des Vergers.

Descendance d'Agathe-Louise-Etiennette et de M. de Kerouallan

Un fils, Gustave de Kerouallan.

Une fille mariée au Vicomte de Carvoisin.

---

1. Réédités en 1890, chez Libaros à Nantes.
2. De ce mariage sont nés trois enfants :
   A. Antoine-Charles, Baron de Cholet, né le 31 Juillet 1812, mort sans postérité à Mauvaget (Meuse) le 18 Février 1884.
   B. Henriette-Anne de Cholet, née le 16 Juillet 1817, mariée le 15 Juin 1842 au Comte de Sade et mère du Comte Huguet de Sade.
   C. Emilie-Marie-Gabrielle de Cholet, née le 2 Novembre 1822, mariée en premières noces au Marquis de Saluces, et en secondes noces à M. Charles de Vallecourt.

Descendance d'Alexandre-Jean-Baptiste-Louis et de Bonne-Jeanne-Scholastique de la Haie

Marie-Jeanne-Etiennette de Berthou de la Violaye, née à Fay en 1792, mariée à Jean-Isidore-Mériadec de Charette du Thiercent [1]. Elle mourut sans enfant à Nantes le 28 Mai 1875.

---

1. Voir Généalogie de la maison de Charette. Elle y est appelée Fanny.

Alliances de la Branche aînée [1]

Olive Dolo, mariée à Louis de Gournay, chevalier, S^{gr} de la Coste, dont sont issus les marquis de la Coste, gouverneurs dans la Basse-Bretagne. — La même Olive Dolo avait épousé en premières noces Messire Normand de Budes, chevalier, S^{gr} du Tertre-Joan.

Yves Roquel, Président au Parlement de Bretagne, marié à Madelaine Fouquet, fille du Président de Chauvelain.

N. Roquel, mariée à Messire Jean de Lannion, dont sont issus les comtes de Lannion, gouverneurs de Vannes et Auray.

Marie du Houlle, mariée à Jean Budes, chevalier, S^{gr} de Quatrevaux; il fut ayeul du Comte de Guébriant, maréchal de France.

Guillaume de Kergozou, marié à Marie Colin de la Biochaye. Il était frère aîné de Jeanne de Kergozou, mariée à René de Berthou.

Jeanne de Kergozou, mariée à N. Macé, chevalier, S^{gr} de la Roche, Conseiller au Parlement de Bretagne.

Catherine de Kergozou, mariée à Louis de Lantivy, chevalier, S^{gr} de la Ferrière.

Catherine de Kergozou, mariée à René de la Monnerais, chevalier, S^{gr} de la Meslée.

Angélique de la Monnerais, fille de Catherine de Kergozou, mariée à Messire du Breil, chevalier, S^{gr} Comte de Rais.

Baptiste du Breil de Rais, fils aîné d'Ange de la Monnerais, marié à N. de Kererault.

Françoise du Breil de Rais, mariée à Claude-René Chrestien, chevalier, S^{gr} de Treveneuc et Pommorio.

---

1. Extrait de l'arbre généalogique conservé avant 1789 au château de la Violaye en Fay, et appartenant au Comte de Berthou, Président de la Noblesse aux Etats de 1782. — Copie aux archives du Plessis-Guerry.

Alliances de la seconde Branche

Marguerite Crouëzé, mariée à Messire Charles de Kergoët, chevalier, S^{gr} de Tronjoly.

Françoise Crouëzé, mariée à Messire de Couëtancourt, S^{gr} dudit lieu, Conseiller au Parlement de Bretagne.

Marie de Boisgelin, fille de Julienne de Berthou, mariée à Messire François de la Lande, S^{gr} de Caslan, dont il y a eu plusieurs enfants.

Jeanne de Boisgelin, deuxième fille de Julienne de Berthou, mariée à Messire Louis Le Bigot, chevalier, S^{gr} de Neubourg, dont il n'est resté qu'une fille.

Madelaine-Céleste Allain, mariée à Messire Jacques du Merdy, chevalier, S^{gr} Marquis de Catuelan. Il y a eu des enfants.

Marie Allain, mariée à Messire Dolliamson, S^{gr} Marquis de Saint-Germain en Normandie, dont il y a eu des enfants.

Anne Allain, mariée à Messire Roger S^{gr} de Campagnole, commandant les ville et château de Brest. Il y a eu des enfants.

Louise-Ursule Allain, mariée à Messire Roger-Joseph de Tinténiac, S^{gr} du Quiémé[1], dont il y a eu des enfants.

Louise Allain, mariée en premières noces à Messire Louis-Nicolas de Plœuc, dont il y a eu des enfants, et en deuxièmes noces au Comte de Sauzay.

Nicolas-Louis de Plœuc, fils de Louise Allain, Conseiller au Parlement de Bretagne, marié à Louise de Kervenozoël.

Marie Allain, mariée à Louis-Florent des Noës, chevalier, S^{gr} des Fossés, Conseiller au Parlement de Bretagne.

F. des Noës, Conseiller au Parlement, marié à Jeanne de Thrépaut de Trafalgan.

Françoise de Crocelay, mariée à N. de Fouché, S^{gr} de Quehillac, dont il y a eu des enfants.

Marie de Crocelay, mariée à François Mourand, S^{gr} de la Sauvagère, dont il y a eu des enfants.

---

1. Probablement pour : Quimerc'h.

PIÈCES JUSTIFICATIVES

PIÈCES JUSTIFICATIVES

I

Anciennes réformations de la Noblesse de Bretagne

Bibl. rue Richelieu, à Paris. Mss. fonds français 8311 et 8312 et Ms. de la Bibl. de la ville de Nantes.

Tréveneuc, 1441 : Nobles. Nicolas Berthou et sa mère.

Tréveneuc, 1535 : La maison de Kercadoret, app^te à Catherine Le Maitre, demoiselle.

Saint-Qué, 1513 : Pierre Berthou, fils de Jean qui se disoit noble, tient la maison des Fontaines.

Rolland Berthou, noble.

Saint-Qué, 1535 : La maison des Fontaines à Jacques Bertho, mineur, fils de Pierre, que l'on a vu vivre comme noble.

La maison noble de Menchy, app^te à Dom Jacques Bertho, noble.

Saint-Martin de Lamballe, 1440 ou 1454. Noms des gentilshommes : Jean Bertho.

II

Bibliothèque rue de Richelieu, à Paris. Ms. fonds français, n° 8317, ancien supplément français, 3674.

« Les noms, armes et généalogies de tous les gentilshommes de la province
« de Bretagne, qui ont été maintenus contradictoirement en la Chambre de
« la réformation de la noblesse, établie par Sa Majesté depuis le 26 Septembre
« 1668, jusqu'au 24 Mars 1671, et par le Parlement depuis cette époque. —
« Ensemble les noms de ceux qui ont été interloqués ou déboutés contradic-
« toirement par les arrêts de la même Chambre. » — *Tome Ier, vol. in-folio ms. de 321 feuillets, page 49.*

BERTHOU

Renné Berthou, Ecuyer, sieur de Kerouriou, pour lui et pour Ecuyer Renné-François et Guillaume-Joseph Berthou, ses enfants;

Dame Madelaine Croizé, veuve d'Ecuyer Renné Berthou sieur de Kervizio [Kerverzio], conseiller du Roi, juge magistral criminel de Rennes, mère et tutrice d'Ecuyer Jean-Ollivier et Renné Berthou, leurs enfants;

Et Guillaume Berthou, Ecuyer, sieur du Quirilly [*lire :* de Kerillis];

Jullien Berthou, Ecuyer, sieur de la Motte;

Portent : *D'or à un épervier de sable, contourné, tenant un rameau de sinople en main, accompagné de trois molettes d'éperon de sable, deux en chef et une en pointe.*

Déclarés *nobles, issus d'ancienne extraction noble* et de qualité d'écuyer, au rolle des nobles de la juridiction royalle de Saint-Brieuc, par arrêt du 30 Janvier 1669, Monsieur de Bréhand, rapporteur.

Renné Berthou, Ecuyer, sieur de Kerouriou, a épousé demoiselle Jeanne de Kergozou, fille d'Ecuyer Philippe de Kergozou et de demoiselle Perrine Callo, sieur et dame de Kersalmon, en Novembre 1653. Il est fils aîné de Henri Berthou, Ecuyer, sieur de Kerouriou, et de dame Jeanne du Houlle, fille puisnée d'Abel du Houlle, sieur de Tronscorff et de Keropirts, et de demoiselle Louise de Mallant, fille juveigneure de la Maison de Penvern-Le Marant, près la ville de Morlaix; lequel Abel du Houlle fut l'un des députés du nombre des gentilshommes de l'Evêché de Vannes pour la réformation de la coutume. Ledit Henri était fils aîné de Jean Berthou, Ecuyer, sieur de la Villeaudren et de demoiselle Louise Raison, fille d'Ecuyer Pierre Raison, sieur de Kersenault et de demoiselle Adelile [Adelice] Riou qui vivoit en 1587.

Ledit Jean était premier fils juveigneur d'Ecuyer Jacques Berthou, sieur des Fontaines, et de demoiselle Marie Rocquel, fille de noble homme Guillaume Rocquel et de demoiselle Marguerite Tunegoff [de Trongoff ou Trogoff], seigneur et dame de Kergolléau; ils contractèrent mariage en Juin 1587. De ce mariage issut fils aîné :

Rolland Berthou, Ecuyer, sieur des Fontaines, lequel de son mariage avec demoiselle Gillette de Turnegoët, de la Maison de la Villeraoult, eut pour fils aîné ;

Philipes Berthou, Ecuyer, sieur des Fontaines, du mariage duquel avec demoiselle Catherine du Houlle, issurent deux filles :

Jeanne Berthou aînée, qui fut mariée en premières nopces avec Messire François de Langourla, S^{gr} de Lespinguen, et en secondes nopces avec Messire Pierre Gouyon, sieur de la Villepierre ; — et Rennée Berthou puisnée, qui épousa Pierre [Le] Guillier, sieur de Kerverno [Kerveno].

Ledit Rolland Berthou, qui eut pour premier puisné Jean Berthou, eut pour autres juveigneurs : Ecuyers Charles, Prigent, Guillaume et Ollivier Berthou, demoiselles Marguerite, Jacquette, Peronnelle et Catherine Berthou. Peronnelle fut mariée avec Ecuyer Gilles de Kerimel, sieur de Garzambic.

Jacques Berthou, sieur des Fontaines, comparut aux montres générales de Gouëllou en 1543, et étoit mineur lors de la réformation de 1535 où il est employé. Il étoit fils aîné de :

Pierre Berthou, Ecuyer, sieur des Fontaines, et de demoiselle Françoise Dollou, fille de la maison noble de Pontlo [Poullou]. Ledit Pierre donna partage à ses puisnés en 1511. Il étoit fils de :

Jean Berthou, sieur de Kercadoret et des Fontaines, de son mariage avec Catherine Le Maître, lesquels vivoient en 1445.

La preuve du gouvernement avantageux est établie par les partages nobles sur les degrés où il y a eu occasion de partages, joint aux réformations de 1453 et 1506 et aux montres génerailles des nobles de l'Evêché de Saint-Brieuc de l'an 1480 et 1483.

Secondement : Renné Berthou, sieur de Kerverzio, en son vivant mari de ladite demoiselle de Crouëzé, est originairement descendu de Jean Berthou, sieur des Fontaines et de Catherine Le Maître ; lequel avoit pour fils Pierre Berthou, sieur des Fontaines, qui fait la branche du sieur de Kerouriou-Berthou.

Lequel Renné Berthou étoit juge-magistrat criminel de Rennes et fils ainé d'Ecuyer Jean Berthou, sieur de Kervaudri, et de demoiselle Guillemette Turcellin, et eut pour juveigneur Ecuyer Jullien Berthou, sieur de la Motte, défendeur, et demoiselle Julienne Berthou, laquelle fut mariée en 1646 avec le sieur de la Villemarquer de Boisgelin, de la maison de Kérivy. Il épousa ladite demoiselle Turcellin en août 1619.

Demoiselle Rennée Berthou, sœur dudit Jean, épousa en 1610 Ecuyer Claude de Rosmar, sieur de Saint-Georges. Il étoit issu de :

Guillaume Berthou, Ecuyer, sieur de Kervaudri et de demoiselle Françoise Hemeri, laquelle avoit été mariée en premières nopces avec Ecuyer François Harscouët, sieur de Kerverzio. Ledit Guillaume, issu du mariage d'Ecuyer Pierre Berthou et de demoiselle Perronnelle Le Vice [Le Veer], sieur et dame de Kervaudry, et ledit Pierre, fils ainé d'Ecuyer Jean Berthou et de demoiselle Jeanne Le Bras, lesquels étoient décédés en 1522 ; ledit Jean Berthou, fils juveigneur d'autre Jean Berthou et de Catherine Le Maître, ainsi qu'il l'a été dit.

III

Bibliothèque rue de Richelieu, à Paris. Cabinet des Titres

Carrés de d'Hozier

Volume 88, pages 174-176.
BERTHOU
Du Mercredi 19 Février 1727.
(Original en papier).

Titre de Berthou, communiqué avec ceux de la Lande

Extrait du procès-verbal des preuves de la noblesse paternelle et maternelle de Jean-Louis de la Lande, Ecuyer, fils de Messire Claude de la Lande, chevalier, S^{gr} de Caslan, de la Villerault, de la Villemarquer, de Lourcière, de Kerjoly, des Sept Fontaines, des Villemains et de la Villeneuve, et de dame Anne-Jeanne Geslin, sa femme, pour sa réception au nombre des Pages de Son Eminence le Grand Maitre de l'Ordre de Saint-Jean de Jérusalem, commencé le mercredi 19 du mois de Février de l'an 1727, par frère René du Martel d'Ercé, Commandeur de Sainte-Catherine de Nantes, et frère Victor-Henry Le Roux de la Corbinière, Commandeur du Théral, commissaires nommés par délibération du Chapitre provincial du Grand Prieuré d'Aquitaine, tenu à Poitiers le 3 du mois de Septembre de l'an 1726 ; ce procès-verbal rédigé et reçu par Yves-Guillaume Filly, notaire royal et apostolique.

Les titres y énoncés sont entre autres :

1661. — Un partage noble donné le 9 Avril 1661 par la dame douairière de Kerverzio, veuve de Messire René Berthou, S^{gr} de Kervaudry, héritier principal et noble de feu Jean Berthou, Ecuyer, au nom et comme tutrice de ses enfans, à dame Julienne Berthou, fille ainée dudit feu Jean Berthou et sœur dudit René Berthou. Cet acte reçu par Chabot et Sohyer, notaires à Rennes.

1678. — Un aveu de la seigneurie de Kerversio, donné le 6 du mois d'Août de l'an 1678 au S^{gr} de Plouha, par la dame de Kerversio, veuve de

Messire René Berthou, frère de Julienne Berthou, au nom et comme tutrice de ses enfants mineurs. Cet aveu signé Therezien et Taillart, notaires au lieu de Plouha.

1623. — Un partage noble donné le 9 Août 1623 à Jean Berthou, Ecuyer, S^{gr} de Launay, par noble homme Raoul Harscoët et son frère utérin S^{gr} de Kerverziou, dans la succession de demoiselle Françoise Emery, leur mère. Cet acte reçu par Le Masson et Compadre, notaires à Lanvolon.

1610. — Un autre partage noble donné le 9 Juin 1610 par Jean Berthou, Ecuyer, à dame Renée Berthou, dame de Rozmar, en exécution de son contrat de mariage et en présence de Guillaume Berthou, son père, Ecuyer, S^{gr} de Kervaudry, fils de Pierre Berthou, Ecuyer et de dame Peronelle Le Veer, sa femme, S^{gr} et dame de Kervaudry. Cet acte reçu par Guillemot, notaire au lieu de Lanvolon.

1511. — Un autre partage noble donné le 7 du mois de Juin 1511, par Pierre Berthou, Ecuyer, S^{gr} des Fontaines, mari de Peronelle Le Veer et père de Guillaume Berthou, fils aîné, héritier principal et noble de feu Jean Berthou Ecuyer et dame Caterine Le Maistre sa femme, à Jean Berthou, Ecuyer, son frère juvigneur, dans la succession de feu Jean Berthou leur père, Ecuyer. Cet acte reçu par Poenier et du Maugoër, notaires à Saint-Qué [1].

1591. — Un certificat donné le 19 Novembre 1591 par le S^{gr} de Kergommart, chevalier de l'Ordre du Roi, gouverneur des ville et château de Guingamp, portant que Guillaume Berthou, Ecuyer, assisté d'un de ses frères en cheval léger, exemt néanmoins de la faction militaire, étant jouvigneur, suivant la loi de Bretagne, avoit servi le Roi de France avec six arquebusiers entretenus à ses frais, pendant le mois de Juin 1590. Ce certificat signé de Kergommart, et plus bas Julio, secrétaire.

1591. — Et un passeport donné au camp de Châtelaudren, le 25 Juin 1591, par Henry de Bourbon à Guillaume Berthou, Ecuyer, pour se retirer où bon lui sembleroit. Ce passeport signé Henry de Bourbon et plus bas, par Mgr le Prince, Brasset.

---

1. Il semble que d'Hozier ait fait une confusion de branche ; ce Pierre épousa Françoise Dolo et fut père de Jacques. Dans l'autre branche, à une génération au-dessous, il y a un Pierre, S^{gr} de Kervaudry, père de Guillaume, fils de Jean, S^{gr} de Kervaudry, et seulement petit-fils de Jean, S^{gr} des Fontaines. Voir D'Hozier, Dossiers bleus : Berthou.

*Bibliothèque rue Richelieu,
Paris. Cabinet des Titres.
Hozier. Dossiers bleus.*

IV

BERTHOU. — N° 2115 [1]

D'or à un épervier de sable, la teste contournée, tenant à la main un rameau de sinople, accompagné de trois molettes de sable

Jean Berthou, S⁀ʳ de Kercadoret et des Fontaines, épousa Catherine Le Maistre.

- Pierre Berthou, S⁀ʳ des Fontaines, partagea ses puînés en 1511, le 7 Juin. Il épousa Françoise Dollon [Dollo] de la maison de Pontlo [Poullou].
  - Jacques Berthou, S⁀ʳ des Fontaines, mentionné dans la réformation de 1543, comparut à l'arrière-ban de 1543. Il épousa Marie Rocquel, fille de Guillaume Rocquel et de Marie Hiongoff [de Trougoff].
    - Rolland Berthou, S⁀ʳ des Fontaines, épousa Gillette de Turnegoët de la Villereoul.
      - Philippe Berthou, S⁀ʳ des Fontaines, épousa Catherine du Houlle.
        - Jeanne Berthou épousa en 1ʳᵉˢ noces François de Langourla, S⁀ʳ de Lespineguen, et en 2ᵉˢ, Pierre-[Christophe] Gouyon, S⁀ʳ de la Villepierre.
        - Renée Berthou épousa Pierre Guiller, S⁀ʳ de Kerversnon [Kerveno].

- Jean Berthou, S⁀ʳ de la Villenudren, épousa Louise Raison. Ils vivaient en 1587.
  - Henry Berthou, S⁀ʳ de Kerriou [Keroriou], épousa Jeanne du Houlle.
    - René Berthou, S⁀ʳ de Keroriou, épousa Jeanne de Kergozou.
      - René-François Berthou.
      - Guillaume Berthou.

- Jean Berthou, S⁀ʳ de Kervaudry, épousa Jeanne Le Bras. Ils étaient morts avant 1522.
  - Pierre Berthou, S⁀ʳ de Kervaudry, épousa Peronnelle Le Vice [Le Veer].
    - Guillaume Berthou, S⁀ʳ de Kervaudry, épousa Françoise Hémery, dame de Kerversio, veuve de François Hurscouët.
      - Jean Berthou, S⁀ʳ de Kerversio, épousa Jeanne Turcolin.
        - Ollivier-[René] Berthou, S⁀ʳ de Kerverzio, juge criminel à Rennes, épousa Magdelaine Craizé.
          - Jean-Ollivier Berthou, S⁀ʳ de Kerversio, Président aux Requestes, épousa Françoise Allain, née en Septembre 1666, mariée par contract du 22 février 1683. Il mourut le 24 Juin 1715. Dont trois garçons.
            - Jacques Berthou, chevalier, S⁀ʳ de Querversio, Conseiller au Parlement de Bretagne, marié à Marie-Thérèse de Crocelay, Dᵐᵉ de la Violay, par contract du ... Avril 1715.
              - Jacques Berthou, chevalier, S⁀ʳ de Querversio, né le ... février 1716.
              - Jean-François Berthou, chevalier de Querversio, né le ... Octobre 1718.
              - N. Berthou, dame de Querversio.
            - Jean-Ollivier Berthou, né le 9 Novembre 1689, entra dans la Société de Jésus le 24 Septembre 1706, sous le nom de R. P. Querversio.
            - Pierre Berthou, chevalier de Querversio, né le 1ᵉʳ Septembre 1705.
        - Jean-[Julien] Berthou, S⁀ʳ de la Motte.
          - N. Berthou, épousa Jean-Armand de Talhouët, S⁀ʳ de Sévérac.
        - Jullienne Berthou épousa en 1646 le S⁀ʳ de la Villemarquerdu Boisgeslin.
          - N. Berthou, S⁀ʳ de Lanivinnon, épousa ...
    - Renée Berthou épousa en 1610, Claude de Rosmar, S⁀ʳ de Saint-Georges.

---

1. La généalogie de d'Hozier étant fautive en trois endroits et présentant plusieurs noms estropiés, nous avons dû la corriger.

V

Liste analytique de vingt-et-une pièces authentiques conservées au Plessis-Guerry et dont neuf ont été présentées à la Chambre de réformation de la Noblesse de Bretagne, en 1668.

1. — *Lanvollon, 8 Février 1543.* — Transaction portant concession d'un délai de paiement, entre Jacques Berthou, S^{gr} des Fontaines, et Pierre Berthou (fils de feu Jehan), au sujet d'une somme due à ce dernier en raison de l'administration de ses biens par son oncle défunt, Pierre Berthou, mari de Françoise Dollo et père de Jacques ; — avec résumé d'une transaction antérieure, du 14 Novembre 1531, entre Katherine Le Maistre, dame de Kercadoret, tutrice de Pierre Berthou, son petit-fils, et Françoise Dollo, veuve de Pierre Berthou et mère et tutrice de Jacques, fixant la somme due à Pierre par Jacques, son cousin.

(*Original sur papier, accompagné d'une copie aussi sur papier, exécutée pour la Chambre de réformation de 1668*).

2. — *Lanvollon, 1er Juin 1543.* — Assiette de neuf boisseaux froment de rente, mesure de Goëllou, sur diverses terres sises en la paroisse de Trévéneuc, — faite par Jacques Berthou, S^{gr} des Fontaines, en exécution du testament de Pierre Berthou, son père, — à Pierre Berthou, fils de Jehan qui était frère juveigneur du premier Pierre.

(*Original sur parchemin, accompagné d'une copie sur papier exécutée pour la Chambre de réformation de 1668*).

3. — Montres générales des nobles du pays de Goëllo, tenues à Lamballe le 3 Juin 1543. — . . . . (*page 6*). — Sainct-Qué : « Jacques Berthou,

Fontaines, présant à cheval, en archier. » — « Dom Guillaume Berthou, présant par Pierre Berthou à cheval, en archier. »

(Copie sur papier, délivrée le 23 Juillet 1628, et présentée à la Chambre de réformation de 1668).

4. — *3 Juillet 1544.* — Partage accordé par Jacques Berthou, S^{gr} des Fontaines (fils de Pierre Berthou et de Françoise Dollou) à sa sœur, damoiselle Marie Berthou (tous deux petits-fils de Catherine Le Maistre).

(Original sur papier, accompagné d'une copie aussi sur papier exécutée pour la Chambre de réformation de 1668).

5. — *1er Janvier 1559.* — Partage de damoiselle Marie Roquel, dame des Fontaines, épouse de Jacques Berthou, S^{gr} des Fontaines, fille de feu Jehan Roquel, S^{gr} de Gouazfourmant et de Françoise Vydelou, dame douairière de Gouazfourmant, et sœur de Gilles Roquel, S^{gr} de Gouazfourmant.

(Copie sur papier, exécutée pour la Chambre de réformation de 1668).

6. — *28 Décembre 1566.* — Partage de damoiselle Adelicze Riou, épouse de Pierre Raison, S^{gr} de Kersenant, accordé par sa sœur Francoise Riou, veuve de Loys Le Merdy, S^{gr} du Gouczelou. — Héritages en Landebazron, Plouesal, Pontrieu, Quemperguezenec.

(Copie sur papier, en date du 14 Décembre 1615).

7. — *Novembre 1572.* — *Rôle des gentilshommes baillés au Sr de Pommorio, en Novembre 1572 :*

Lieutenant : Yves Geslin, Sr de Bourgongne ;
Jacques Bertho, S^r des Fontaines, capitaine de la paroisse de Saint-Qué ;
Tanguy Nicol, Sr de Kerdalec, capitaine de la paroisse de Trévéneuc ;
Pierre Crestien, Sr de la Villehelliou ;
Jan Moran, Sr de la Villerobert ;
Jan Conen, Sr de la Villebasse ;
Le Sr du Poullou ;
Jacques Herry, S^r de [la] Motte ;
Le Sr de la Villecades ;
Le Sr de Sainct-Sauveur ;
Le Sr de Lestang ;
Le S^r [de] Bringollo.

(Copie sur papier, présentée à la Chambre de réformation de 1668).

8. — *24 Janvier 1575.* — Aveu fourni à la cour de Quemperguézenec, par Vincent du Cameru, Ecuyer, S^{gr} de Trougoazrat, du lieu de Kerouriou, sis en la paroisse de Quemperguézennec, comme héritier de sa mère, Françoise de Kerléau, dame douairière dudit lieu de Kerouriou.

(Original sur parchemin).

9. — *Kerouriou en Quemperguézennec, 18 Juin 1584.* — Contrat de mariage d'Yves de Launay S^{gr} de Kericu et de damoiselle Ysabelle Raison, — consenti par damoiselle Adelieze Riou, dame de Kerouriou, mère de la future épouse. Signé par Jean Berthou, S^{gr} de la Vilaudren, mari de damoiselle Louyse Raison.

(Original sur papier avec nombreuses signatures).

10. — « *Lantreguier* » [*Tréguier*], *19 Août 1587.* — Accord entre Jean Berthou, S^{gr} de la Villeaudren, mari de damoiselle Louise Raison, et Yves Le Goff, S^{gr} de Kernavaree, touchant le douaire du premier mariage de damoiselle Louise Raison, fille de feu Guillaume Raison S^{gr} de Kersenant et d'Adelize Riou, dame douairière de Kersenant.

(Original sur parchemin).

11. — *Au manoir seigneurial de Kergolléau, 5 Juin 1589.* — Accord par devant la cour de Plouha entre « noble et puissant Jan de Lannyon » et Marie Roquel, sa femme, S^{gr} et dame de Kergolléau, Kerpinczon, Couatfourment, Kermoisan, la Villedoré, — et « noble Escuyer » Rolland Berthou, S^{gr} de Kercadoret, du Minihy, etc., fils et héritier de défunte dame Marie Roquel, dame des Fontaines ; — au sujet de la succession de Guillaume Roquel et Marguerite de Trougoff, sa femme, S^{gr} et dame de Kergoléau, Couatfourment, les Chaucheix, la Coronne, etc.

(Original sur parchemin, accompagné d'une copie sur papier exécutée pour la Chambre de réformation de 1668).

12. — *5 Novembre 1594.* — Partage accordé par devant les notaires du comté de Gouello, par Rolland Berthou, S^{gr} des Fontaines, résidant au manoir des Fontaines en Saint-Quay, à l'un de ses frères, Jan Berthou, S^{gr} de Kerourio, en la paroisse de Kemperguézenec ; — des héritages de leurs père et mère deffunts, Jacques Berthou et Marie Roquel, S^{gr} et dame des Fontaines, Kercadoret, Kerbradec, etc.

(Original sur papier, signé des deux parties, accompagné d'une copie aussi sur papier exécutée pour la Chambre de réformation de 1668)

13. — *Cour de Quemperguézenec, à Pontrieu, 10 Juin 1596.* — Tutelle de Henri, Rolland et Marguerite, fils et fille d'Ecuyer Jan Berthou, S^{gr} de la Villeaudren et de damoiselle Louise Raison, renonçant aux biens de la communauté et à son douaire, sauf son trousseau.

Ecuyer Prigent Berthou, S^{gr} de Kerpradec, Perronnelle Berthou, nobles gens Guillaume Olivier, S^{gr} du Bourdou et Marguerite Berthou, sa compagne, S^{gr} et dame de la Sorraye, damoiselle Jacquette Berthou, dame de Kermen, oncles et tantes paternels des mineurs ; noble François Connan, S^{gr} de la Villebasse, parent paternel au quatrième degré, nobles hommes Henri et Jacques Chrestien, S^{gr} du Pommorio et de Kerabel, tous, par leur procureur, Me Guillaume Pezron, et à l'exemple de la mère des mineurs, nomment pour tuteur Charles Berthou, S^{gr} des Fontaines, bailli de Keraes [Carhaix], oncle paternel des mineurs.

L'ayeule maternelle de ces derniers, damoiselle Adellice Riou, dame de Kerouriou, nomme Jan Raison, S^{gr} de la Garde ; Charles Berthou, S^{gr} des Fontaines, nomme le S^{gr} de la Garde, et dit qu'il est venu exprès de Carhaix, distant de plus de vingt lieues, pour s'excuser d'accepter la charge de tuteur : il offre de nourrir et élever l'aîné des mineurs pendant six ans. La dame de Keroriou, offre d'entretenir Marguerite Berthou durant son vivant.

Les parents maternels : damoiselle Janne Raison-Kernech-Gaultier, tante maternelle des mineurs ; Guillaume du Pacrier, S^{gr} de Kernilven, parent du côté maternel au quatrième degré ; noble et puissant Jan Guegan, S^{gr} de la Grandville, cousin des mineurs des deux côtés au quatrième degré, nomment Charles Berthou, S^{gr} des Fontaines. — Jean Raison, S^{gr} de la Garde, nobles hommes Regnault de Léon, S^{gr} du Bourgerel, Charles Le Merdy, S^{gr} du Gouezellou et Jacques de la Lande, S^{gr} des Isles, parents maternels, ne comparaissent pas. — Ils seront réintimés de comparaître quinze jours plus tard, sous peine d'amende. Les parents sont d'avis que celui qui aura la tutelle prenne la succession sous bénéfice d'inventaire.

(*Original sur papier, accompagné d'une copie aussi sur papier exécutée pour la Chambre de réformation de 1668. — Dans la copie, un petit papier séparé porte la généalogie suivante :*

    Rolland Berthou   [Lire: Jan]
    Catherine Le Me[stre]
       |
    Pierre Berthou
    Françoise Dolou

Jacques Berthou
Marie Rocquel
|
Jan Berthou
Louise Raison
|
Henry Berthou
Janne du Houlle
|
René Berthou
Jeanne de Kergozou.

14. — *Pléguien, 2 Septembre 1603.* — Certificat de baptême de Guillaume Berthou, fils de Vincent et de Françoise du Maugoër, S^{gr} et dame de Kerdaniel, Kerili, etc. Parrain, Guillaume Berthou, S^{gr} de Kervaudri ; marraine, Marguerite de Lanloup ; — signé par le recteur de « Pleguyen ». Ce certificat a été délivré à Guillaume Berthou, S^{gr} de Kerili, le 3 Août 1666.

(Copie sur papier).

15. — *Belle-Ile, 2 Janvier 1669.* — Certificat du S^{gr} de Villeport, lieutenant de Roy à Beslille, en date de la citadelle de cette ile, attestant que « le Sr de la Villeaudren-Berthou, enseigne du Sr de Kernier-Le Cardinal », capitaine au Régiment d'Infanterie de la Meilleraye, a fait la campagne de 1641 et a été tué au siège d'Aire, étant dans la tranchée, pendant une sortie des ennemis.

(Original sur parchemin, avec cachet de cire rouge).

16. — *31 Décembre 1676.* — Sentence d'institution de tutrice rendue en faveur de dame Janne de Kergozou, veuve de René Berthou, S^{gr} de Keroriou, mort à Vannes, et mère de damoiselles Marye-Françoise et Catherine Berthou, et de René Berthou, mineurs. De l'avis des parents paternels des mineurs : Messire Pierre Le Vicomte, S^{gr} du Rumen ; Messire Guy Visdelou, chevalier, S^{gr} du Hilguy, conseiller au Parlement de Bretagne ; Messire Christophle Gouyon, chevalier, S^{gr} de la Villepierre, mari de dame Janne Berthou ; Messire Jacques, chef de nom et armes de Kerguz, S^{gr} de Kerstang ; Messire Jullien Decleux, chevalier, S^{gr} du Gage ; Messire Yves de Kergariou, S^{gr} de Kerven ; Messire Jullien Berthou, S^{gr} de la Motte ; Messire Claude du Boisgeslin, S^{gr} de la Villemarquer ; — et de leurs parents maternels : René de la Monneraye, S^{gr} de la Meslée ; Me Henry Arnault, S^{gr} du Bois Harouart, conseiller du Roi, juge-magistrat

de Vannes ; Jacques de Montalembert, S^gr^ du Petit Bois ; Jan de Kergozou, S^gr^ de la Haye ; Vincent Moisant, S^gr^ de Kervasdoüé ; Me Lorans Moisant, S^gr^ de Kerbino, alloué de Guingamp ; noble et discret Messire Philippes de Kergozou, chanoine de Cornouaille ; Charles Bernard, S^gr^ de la Justandière ; noble et discret Nicolas Colin, S^gr^ de la Biochaye ; Guillaume de Kergozou, S^gr^ de Kersally ; Messire Gilles de la Noë, S^gr^ de Couespeur ; Anthoine de Kergozou, S^gr^ du Tenneric.

(Original sur parchemin).

17. — *18 mars 1699.* — Contrat de constitution de 55 liv. 11 s. 7 d. de rente (capital de 1000 liv.), concédée aux Bénédictines de Saint-Brieuc, par François du Boisgeslin, S^gr^ de Kerjoly, et Louise de Langourla sa femme.

(Original sur parchemin).

18. — *27 Juillet 1709.* — Sentence pour René de Berthou, sur le compte de tutelle de ses neveux et nièces des Hayers.

(Original sur parchemin).

19. — *3 Août 1709.* — Transaction entre René-François de Berthou et Jean-Baptiste et Jeanne-Françoise des Hayers, ses neveux, au sujet de leur compte de tutelle.

(Original sur papier).

20. — *27 juillet 1741.* — Acte de partage entre Ecuyer Simon Meusnier (marié par contrat du 13 Août 1694 à Marie-Anne des Champsneufs), représenté par Ecuyer Anthoine Meusnier, capitaine au régiment de Chartres, — et dame Catherine Meusnier, épouse de Messire René-François de Berthou, chevalier, S^gr^ de Tronscorff.

(Original sur papier).

21. — *11 Septembre 1759.* — Bail à ferme de sept ans de la terre de la Combe, en Anjou, consenti par Jeanne de Berthou, épouse et procuratrice de Joseph-Charles du Maz, chevalier, S^gr^ de Villeneuve en Abbaretz.

(Original sur papier).

VI

Etats de Bretagne

Ordre de la Noblesse

1782. — Mgr le comte de Berthou de la Violaye, président de la Noblesse...
...... Jean-François Berthou de la Violaye.
...... Jean-Jacques-Marie Berthou de la Violaye.

1785. — Nantes : Jean-François Berthou de la Violaye.

1786. — Nantes : Jean-François Berthou de la Violaye. — Vannes : Juste-Albert-Yrénée de Berthou. (*Ms. des Archives Départementales de Nantes. — Procès-verbaux des Etats de Bretagne*).

Catalogue des gentilshommes de Bretagne qui ont pris part aux assemblées de la Noblesse de cette province en 1746, 1764, 1789, par MM. Louis de la Roque et Edouard de Barthélémy. — Paris, Dentu et Aubry, 1865. (Brochure in-8° de 63 pages).

Etats-Généraux de Bretagne tenus à Nantes. — 1er Octobre 1764.

. . . .
De Berthou.
. . . .

Protestation de l'Ordre de la Noblesse de Bretagne, contre la suspension des Etats assemblés à Rennes en 1789.

(*Page 33*) : Jean-François Berthou de la Violaye de Montluc.

VII

Revue de Bretagne et de Vendée, Tome II, deuxième livraison. Août 1857. — Le Complot de Pontcallec et la Conspiration de Cellamare, par M. de la Borderie.

Page 124 : Très humbles remontrances des Etats de Bretagne au Roi, pour le rappel des exilés. — Dinan, 20 Août 1718.

Signées pour la Noblesse :

        Charles de la Trémouille
        De Croissy
        Le comte du Cludon
        Berthou
        Guichen.

Page 145 : Liste des gentilshommes bretons qui signèrent les protestations contre le despotisme aux Etats de Dinan, en 1718 :

Berthou (17 Août 1718).

VIII

Messire Arnoud de Raët [1], S^{gr} de Voort, libre baron du Saint-Empire Romain, épousa D^{lle} Marie-Isabelle de Vloots [2], Dame van der Voort.

Juste de Jough [3] van den Nieuwenhuyse, écuier, épousa D^{lle} Marie de Vloots.

Nicolas Gerardi [4], Ecuier, S^{gr} de Clerexhove, épousa D^{lle} Elwige van der Sterren [5].

François Potier [6], Ecuier, descendu de famille noble de la comté d'Hainau, épousa D^{lle} Marie Mastelyn [7].

Messire Jean-Baptiste de Raët van der Voort, Baron du Saint-Empire, Capitaine commandant du régiment de Rhyn-Graeff, etc., épousa D^{lle} Justine-Marie de Jough van den Nieuwenhuyse.

Guillaume Gerardi, Ecuier, S^{gr} de Clerexhove, etc., épousa D^{lle} Marie-Anne Potier.

Messire Jean-Philippe de Raët van der Voort, né Baron du Saint-Empire Romain, etc..., épousa D^{lle} Marie-Anne-Gertrude Gerardi de Clerexhove.

Dame Albertine-Justine-Jeanne-Marie de Raët van der Voort, née Baronne du Saint-Empire, épouse de Messire Jean-Jacques Berthou, chevalier, S^{gr} de de Querverjou [8], Tronscorf, etc., père et mère de noble demoiselle Marie-Catherine-Vincente Berthou, née le 8 Janvier 1748.

Nous soussignés, Rois et Hérauts de Sa Majesté l'Impératrice Reine en ces Païs Bas et de Bourgogne, certifions et déclarons à tous présens et avenir que ces huit quartiers ci-dessus représentés en leurs émaux, de dame Albertine-Justine-Jeanne-Marie de Raët van der Voort, née Baronne du Saint-Empire, mariée à Messire Jean-Jacques Berthou, chevalier, S^{gr} de Querverjou, Tronscorf, etc., savoir paternels, de Raët, de Vloots, de Jough van den Nieuwenhuyse et de Vloots ; maternels, Gerardi, van der Sterren, Potier et Mastelyn, sont bien et fidèlement dressés, le tout conforme à nos registres et notices, de sorte que nous trouvons les susdits huit quartiers être tous anciens et nobles et pour tels admissibles. Et comme il est juste de donner témoignage de la vérité, étant à ce requis de la part de Messire Jean-Philippe de Raët van der Voort, né Baron du Saint-Empire, père de ladite dame Albertine-Justine-Jeanne-Marie de Raët van der Voort, née Baronne du Saint-Empire, nous avons donné le présent certificat d'ofice, pour servir et valoir çà et ainsi qu'il sera trouvé convenir. En foi de quoi nous avons signé la présente, et muni des seels dont nous sommes acoutumés d'user aux actes et dépêches de nos Ofices, à Bruxelles ce jour d'hui 24e du mois de Septembre mil sept cent cinquante-cinq.

A.-F. JAERENS
Conseiller et premier roi d'Armes
de S. M. I^o et R^o
1755

J.-J.-F. DE GRUZ
Roi d'Armes de Brabant
1755

(Deux sceaux sur papier. — Original sur vélin avec écussons enluminés, conservé aux archives du Plessis-Guerry):

---

1. De gueules chargé au centre d'un écu d'azur au lion issant d'or, accompagné de trois tranchemers d'or : 2, 1.
2. D'azur au compas d'or, accompagné de trois étoiles de même : 2, 1.
3. D'argent au lion issant de sable, lampassé de gueules.
4. Coupé et nébulé d'or et d'azur de trois pièces.
5. D'azur aux deux fasces d'or crénelées d'un côté de trois créneaux, les créneaux de l'une en face les merlons de l'autre, et chargé en tête d'une étoile d'or.
6. D'azur aux trois pots d'argent : 2, 1.
7. D'azur à la faucille d'argent emmanchée d'or, accompagnée de trois étoiles d'or : 2, 1.
8. Lire : Querorlou ou Kerorlou.

IX

Bibliothèque rue de Richelieu, à Paris. Cabinet des Titres. — Collection des Généalogies Chérin, volume 24.

BERTHOU (n° 497)

(Original d'une lettre écrite à M. Chérin, collée dans le volume 24 de cette collection. — Pièce cotée 8 dans le dossier Berthou) :

A la Violaye, près Nantes, le 25 Avril 1782.

Monsieur,

Je reçois de M. le Marquis de Castries une lettre d'avis, par laquelle il me marque qu'un de mes enfants, dont l'extrait de baptême est cy-joint, est désigné par le Roy pour une place d'aspirant à la marine, mais que la lettre d'admission ne sera expédiée que sur votre certificat de noblesse sur les quatre degrés requis. La lettre porte de plus qu'il faut que mon fils soit rendu à Brest au plus tard le 15 May prochain. J'ai l'honneur de vous envoier, Monsieur, des titres qui ont déjà été vus par vous il y a sept mois pour un de mes enfants, qui, sur votre certificat, a été admis dans le régiment du Maréchal de Turenne. Ces titres consistent dans les contrats de mariage de mon grand-père, de mon père, et le mien. J'y joins l'Arrêt de la Chambre de la Réformation pour la Noblesse de Bretagne en 1669, qui déclare mon aïeul noble d'ancienne extraction. Je me flatte, Monsieur, que vous voudrés bien écouter favorablement le président de Chavaudon, mon beau-frère, qui est chargé par moi d'obtenir votre certificat assés à temps pour que mon fils puisse profiter de la grâce qui le suivra de près. J'ai huit enfants ; cette nomination pour la Marine sera sans doute la dernière de la guerre, et je serois désespéré que mon fils n'y fut pas compris. J'ai l'honneur d'être,

Monsieur,

Votre très humble et très obéissant serviteur,

DE LA VIOLAYE.

BERTHOU, en Bretagne

Seigneur de la Violaye

D'or à un épervier contourné de sable, tenant un rameau de sinople et accompagné de trois molettes de sable, posées 2 et 1.

(Tout ce qui est antérieur au jugement de la Chambre de la Réformation du 30 janvier 1669 est pris d'après ce jugement).

Ecuyer Jean Berthou, S^{gr} des Fontaines et de Kercadoret, épousa Catherine Le Maistre (*Vivoient en 1445*). Remariée à François Poences, elle eut la tutelle des enfans de Pierre, son fils puisné, et Pierre, l'aîné d'entre eux, lui en demanda compte le 15 Janvier 1540.

Pierre Berthou, S^{gr} des Fontaines, partagea ses puisnés en 1511. Il épousa Françoise Dolou (du Poullo). Il fut fait tuteur de ses neveux, fils de son frère, après sa mère, le 21 May 1522. Pierre, l'aîné d'entre eux, lui en demanda compte le 15 Janvier 1540.

Noble Escuier Jean Berthou, S^{gr} de Kervaudry, eut partage noble de son frère, le 7 Juin 1511. Il épousa Jeanne Le Bras. Ils étoient morts avant 1522.

Jacques.

A

Voyés le vol. 4 de Bretagne, folio 50.

Noble homme, Escuier, Pierre Berthou, S^{gr} de Kervaudry, épousa Peronnelle Le Veer. Il fut mis avec ses frère et sœur sous la tutelle de son aycule paternelle le . . . . . et sous celle de son oncle le 2 May 1522. Il leur en demanda compte le 15 Janvier 1540. Peronnelle Le Veer étoit morte le 13 Mars 1614.

Rolland 1522, 1540

Marie 1522, 1540

Ecuyer Guillaume Berthou, S^{gr} de Kervaudry, donne partage avantageux à ses frères et sœur, le 14 Juin 1580. Servoit le Roy avec six arquebusiers à ses frais, pendant Juin 1590, selon un certificat de 1591. Eut un passeport du prince de Condé, le 25 Juin 1591. Epousa : Françoise Hémery, dame de Kerverzio, veuve de François Harscouet, S^{gr} de Kerverzio. Ce mariage fut fait avant le 30 Juillet 1585. Françoise Hémery étoit morte le 9 Août 1623, que ses enfants du premier lit furent mis en tutelle. Guillaume Berthou, S^{gr} de Kervaudry, assista avec sa femme au contrat de mariage de Renée, leur fille, du 9 Juin 1610. Il transigea avec Jacques Le Veer, Ecuyer, S^{gr} du Traon, sur la succession de sa mère, le 13 Mars 1614.

Yvon fut partagé le 14 Juin 1580.

Vincent, partagé le 14 Juin 1580, épousa Françoise du Maugoër.

Françoise 1580

Guillaume, Ecuyer, S^{gr} de Kerilly ou Querilly, baptisé à Pleguyen le 21 Septembre 1603, maintenu en 1669.

(*Guillaume et Françoise Hémery, dame de Kerverzio*).

Noble Escuyer Jean Berthou, Sʳ de Launoy, Kervaudry, Kerverzio, épousa Jeanne Tiercelin, par contrat du 18 Août 1619. Leur fils aîné, et ses père et mère, au contrat de mariage de sa sœur, du 9 Juin 1610.

Renée Berthou, partagée par son frère, le 9 Juin 1610, épousa la même année, Claude de Rosmar, Sʳ de St-Georges.

Jean Berthou, Escuier, fut partagé noblement dans les biens de sa mère, par noble homme Raoul Harscouet, Sʳ de Kerverziou, son frère utérin, le 9 Août 1623. Il donna, le 20 Octobre 1636, une déclaration d'héritages, sujets et arrière-ban.

Messire René Berthou, Sʳ de Kerverzio, juge criminel de Vannes [Rennes], épousa Madeleine Crouëzé. Veuve, elle fut nommée tutrice de ses enfans, le 3 Février 1657. (*Arrêt du 30 Janvier 1669*). Elle donna partage noble à Julien, son beau-frère, le 9 Août 1661.

Julien Berthou, Sʳ de la Motte, maintenu Ecuyer avec ses neveux, le 30 Janvier 1669, fut partagé le 9 Avril 1661.

Julienne Berthou, épousa en 1646 le Sʳ de la Villemarquer du Boisgelin. Elle fut partagée noblement par sa grand' mère le 9 Avril 1661.

Dame Magdelaine Crouëzé, veufve d'Ecuyer René Berthou, Sʳ de Kerverzio, conseiller du Roi, juge-magistrat criminel de Rennes, obtint de la Chambre de la Réformation de la Noblesse du Païs et Duché de Bretagne, le 30 Janvier 1669, comme mère et tutrice de leurs enfans mineurs, un arrêt qui la maintient ainsi qu'eux dans leur noblesse, d'ANCIENNE EXTRACTION, et ordonne qu'ils seront inscrits au Catalogue des Nobles de la Jurisdiction de Saint-Brieuc, etc. (*Copie en parchemin collationnée par un secrétaire du Roy, près le Parlement de Bretagne, sur une grosse signée Malescot greffier, et signée Buret. — Voyés volume 4 de Bretagne, folio 50*).

Dame Magdelaine Crouëzé, dame douairière de Kerverzio, assiste au contrat de mariage de Jean-Olivier, son fils, du 22 Février 1683, et le ratifie. (*Grosse en parchemin signée Allain*).

Messire Jean Berthou, Escuier, maintenu avec sa mère et son frère dans sa noblesse, par jugement de la Chambre de la Réformation du 30 Janvier 1669. Baptisé à Saint-Germain de Rennes, le 5 Août 1652, nommé dans l'acte de tutelle de ses frères et sœurs, du 3 Février 1657.

René Berthou, Escuier, maintenu dans sa Noblesse le 30 Janvier 1669 (*copie collationnée*). Il signe le contrat de mariage de Jean-Olivier, son frère (*grosse*). — Baptisé à Saint-Germain de Rennes, le 29 Juillet 1656; mis sous la tutelle de sa mère, le 3 Février 1657. (*Arrêt du 30 Janvier 1669*).

N. Berthou épousa Jean-Armand de Talhouët, Sʳ de Sévérac.

Madeleine, mise sous la tutelle de sa mère le 3 Février 1669.

N. Berthou Sʳ de Lannivinon, épousa . . . . .

Guillaume Berthou, Ecuyer, Sʳ de Kerily, maintenu dans sa noblesse le 30 Janvier 1669. (*Copie collationnée*).

Messire Jean-Ollivier Berthou, Sʳ de Kerverziou, conseiller du Roy en tous ses conseils, et son Président au Parlement de Bretagne, résidant le plus ordinairement dans son manoir de Kerverziou, sis dans la paroisse de Plouha, évêché de Saint-Brieuc, épousa par contrat passé devant Le Roux et Allain, notaires royaux à Morlaix, le 22 Février 1683, damoiselle Françoise Alain, dame de Lancelin, fille aînée de Jacques Alain, Sᵍʳ de la Marc et de dame Marie Coroller ; et par cet acte, il est constitué en dot à ladite demoiselle, par les Sʳ et dame, ses père et mère, la somme de 60.000 livres, et 3.000 livres de douaire par ledit Sʳ de Kerverziou, lequel est assisté de dame Magdelaine Crouezé, dame douairière de Kerverziou, sa mère, qui s'oblige solidairement avec lui aux clauses insérées en cette acte, etc. (*Grosse en parchemin signée Alain*).

Le Sʳ de Kerverziou et dame Françoise Alain, son épouse, donnent quittance devant Le Roux et Alain, notaires royaux à Morlaix, le 22 Mars 1683, de la somme de 60.000 livres, qu'ils ont reçus du Sʳ de la Marc, leur beau-père et père, et qui leur avoit été promise par leur contrat de mariage, etc. (*Grosse en parchemin signée Alain*).

Messire Jean-Ollivier Berthou, chevalier, Sᵍʳ de Kerverzio, conseiller du Roy et son Président à la Chambre des Requêtes du Parlement de Bretagne, et dame Françoise Alain, son épouse, assistent au contrat de mariage de Jacques, leur fils aîné, du 12 Avril 1714, en faveur duquel ladite dame consent que son douaire soit réduit à la somme de 1.000 livres, etc. (*Grosse signée Berthelot et Le Maigre, notaires royaux*.)

Dame Françoise Alain, veuve de Messire Jean-Ollivier de Berthou de Kerverzio, conseiller du Roy en son Parlement de Bretagne, et président aux Requêtes du Palais, est présente au suplément des cérémonies du baptême de Jean-François Berthou, son petit-fils, etc. (*Extrait en bonne forme*).

Messire Jacques Berthou, chevalier, Sᵍʳ de Kerverzio, conseiller au Parlement de Bretagne, héritier principal et noble (comme aîné) des Sʳ et dame, ses père et mᵉ, épouse, par contrat passé devant Le Maigre et Berthelot, notaires royaux à Rennes, le 12 Avril 1714, damoiselle Renée-Thérèze de Crocelay, fille majeure de deffunts Messire Henry de Crocelay, chevalier, Sʳ de la Viollais, et de dame Gillonne Chevillart. Par cet acte, les Sʳ et dame de Kerverziou donnent audit futur, leur fils, la charge de conseiller au Parlement, dont il est revêtu, sur le pied de l'acquisition qui en a été faite le 4 Avril 1707, plus une rente de 2.500 livres, payable par

Pierre Berthou signa le contrat de mariage de Jacques, le 12 Avril 1814. (*Grosse*).

Messire Pierre Berthou, chevalier, est présent au suplément des cérémonies du Baptême de Jean-François, son neveu, du 30 Octobre 1718. (*Extrait en bonne forme*).

Madame de la Marre-Allain, une autre rente de 500 livres à prendre sur la terre de Blosne, située près la ville de Rennes, etc. (*Grosse en parchemin signée desdits notaires.*)

Messire Jacques Berthou de Kerverzio, chevalier, conseiller du Roi en sa cour de Parlement de Bretagne et grand chambre d'icelle, et dame Renée de Crocelay, son épouse, consentent au contrat de mariage de Jean-François, leur fils, du 12 Septembre 1751, par Messire Pierre-Etienne Bourgeois de Boynes, chevalier, conseiller du Roy, maître des Requestes ordinaires de son hôtel, leur fondé de procuration, etc. (*Grosse en parchemin signée Giraut et Brouod*).

A la suite est la procuration donnée le 10 Août 1751 devant Sohier et Tinnois, notaires royaux à Rennes, par Messire Jacques Berthou de Kerverzio, conseiller à la grand chambre du Parlement de Bretagne, et dame Renée de Crocelay, son épouse, à Messire Pierre-Etienne Bourgeois de Boynes, maître des Requêtes, à l'effet de consentir au mariage de Jean-François leur fils, et de lui donner en avancement d'hoirie leurs terres de Kerverzio, de Vauroüil et de la Houdinaye, une maison à Rennes et diverses parties de rentes. (*Expédition en parchemin*).

Feu Messire Jacques Berthou, chevalier, Sᵍʳ de Kerverzio, conseiller en la grand chambre et sous-doyen du Parlement de Bretagne, est rappelé dans l'acte de vente faite le 6 May 1755, de ladite charge de conseiller dont il étoit pourvu, par Jacques-Louis et Jean-François, ses fils, etc. (*Grosse en papier signée Olivier et Tumoine, notaires royaux*).

Messire Jacques Berthou, chevalier, S⊃r&/sup; de Kerverzio, conseiller du Roy en sa cour de Parlement de Bretagne, est présent au supplément des cérémonies du baptême donné à Jean-François, son fils, et de dame Renée-Thérèze de Crocelay, son épouse, en la paroisse de Fay, dans l'Evêché de Nantes, le 30 Octobre 1718. (*Extrait délivré le 30 Novembre 1770, par le vicaire de ladite paroisse, signé N. Le Berre et légalisé*).

Feu Messire Jacques Berthou, chevalier, conseiller et sous-doyen au Parlement de Bretagne, et dame Renée de Crocelay, son épouse, S⊃r&/sup; et dame de Kerverzio, Vay, la Violaye, Kergounnouam [1], le Thiémay, etc., sont rappellés dans le partage sous signatures privées, fait au lieu de la Violaye, le 27 Aoust 1755, entre Jacques-Louis et Jean-François, leurs enfans, des biens de leurs successions, consistant dans ladite charge de conseiller, le château, terre et seigneurie de la Violaye, de laquelle dépend huit différens fiefs sis en la paroisse de Fay, Evêché de Nantes; la terre et seigneurie de Vay, en la paroisse du même nom, Evêché susdit, consistans en différens domaines, moulins, huit fiefs de haute justice, composans la juridiction et châtellenie du même lieu, le tout noble; la terre de Kerverzio et ses dépendances, s'étendant dans les paroisses de Plouha, Treveneuc, Saint-Quay, Trésigno, Pleguien, Lanvollon, Plouzec, Lanebert, etc., de l'Evêché de Saint-Brieuc; la terre et seigneurie de Kergounnouam, seize en la paroisse de Plouvom, Evêché de Léon; les métairies et moulins de Vauroüil et de la Houdinais, paroisse de Saint-Gilles, Evêché de Rennes; l'hôtel appartenant audit feu S⊃r&/sup; de Kerverzio, portant son nom, et qui avoit été acquis par ses père et mère, avec ses dépendances et tribune donnant dans l'Eglise des R. P. Cordeliers de Rennes; une autre maison et plusieurs parties de rentes, etc. (*Original en papier, signé J.-L. Berthou de Querverzio, et Jean-Olivier Berthou de Querverzio*).

Feu Messire Jacques Berthou, chevalier, S⊃r&/sup; de Kerverzio, conseiller en la Grand Chambre et sous-doyen du Parlement de Bretagne, est rappellé dans l'acte de vente de ladite charge de conseiller, faite le 6 May 1755, par ses enfans. (*Grosse en papier*).

Jacques-Louis Berthou de Kerverzio, conseiller au Parlement de Bretagne, signe au contrat de mariage de Jean-François Berthou, son frère, du 12 Septembre 1751. (*Grosse en parchemin*).

Messire Jacques-Louis Berthou, chevalier, S⊃r&/sup; de Kerverzio, conseiller au Parlement de Bretagne, vend avec son frère, le 6 May 1755, comme fils aîné, héritier principal et noble, la charge de conseiller au même Parlement, dont étoit pourvu leurdit feu père. (*Grosse en papier*).

Messire Jacques-Louis Berthou, chevalier, S⊃r&/sup; de Kerverzio, conseiller au Parlement de Bretagne, partage comme héritier principal et noble, avec son frère, les biens de leurs père et mère, le 27 Août 1755. (*Original en papier*).

J.-L. Berthou de Kerverzio fait compte avec son frère, le 18 Mars 1757, du revenu des terres de Vay, Kerverzio, la Violaye, etc. (*Original en papier signé dudit S⊃r&/sup; de Kerverzio*).

Jacques-Louis Berthou, S⊃r&/sup; de Kerverzio, donne quittance à son frère, le 8 Janvier 1761, d'une somme de 10,500 livres, dont il reconnoît avoir été remboursé par lui. (*Original en papier, signé J.-L. Berthou de Kerverzio*).

Jean-François, ondoyé le 8 Octobre 1718, a reçu suplément des cérémonies du baptême le 30 des mêmes mois et an, dans l'Eglise paroissiale de Fay, Evêché de Nantes, en présence de dame Françoise Alain, veuve de Messire Jean-Olivier de Berthou, son ayeule, et de Messire Pierre Berthou, chevalier, son oncle. (*Extrait en bonne forme*).

Monsieur Jean-François Berthou de Kerverzio étoit inscrit au rolle de Messieurs de l'Ordre de la Noblesse, qui ont assisté aux Etats convoqués et assemblés par autorité du Roy en la ville de Nantes, en l'année 1722, suivant un certificat du greffier des Etats, délivré le 30 Novembre 1770. Signé: de la Bintinaye. (*Original en papier*).

---

1. Lire : Kergounnouarn.

Messire Jean-François Berthou de la Violaye, chevalier, capitaine aide-major du Régiment du Roi, épouse par contrat passé devant Giraut et Bronod, notaires au Châtelet de Paris, le 12 Septembre 1751, demoiselle Jeanne-Etiennette Guillaume de Chavaudon de Sainte-Maure, fille de Pierre-Nicolas Guillaume de Chavaudon de Sainte-Maure, conseiller du Roi en sa cour des Aydes de Paris, et de dame Marie-Agnès Verani de Varennes, son épouse.

Par cet acte, il est donné en avancement d'hoirie audit S^{gr} de la Violaye, par les S^{gr} et dame, ses père et mère, stipulans par le S^{gr} de Boynes, leur fondé de procuration, sçavoir: la terre de Kerverzio, seize en l'Evesché de Saint-Brieuc, celles du Vauroüil et de la Houdinaye, et une maison à Rennes, qui en dépend, rue Saint-Georges, seizes en l'Evesché de Rennes, et plusieurs contrats de constitution assis sur divers particuliers de la Bretagne; sur lesquels biens ledit S^{gr} de la Violaye assigne à ladite demoiselle future, un douaire de 2.500 livres s'il n'y a point d'enfant de leur mariage, réduit à 2.000 livres de rente au cas qu'ils laissent postérité, etc. (*Grosse en parchemin signée desdits notaires*).

Jean-François Berthou de la Violaye, capitaine ayde-major au Régiment d'Infanterie du Roy, est nommé dans la procuration donnée par les S^{gr} et dame, ses père et mère, le 10 Aoust 1751, portant consentement de son mariage avec demoiselle Jeanne-Etiennette Guillaume de Chavaudon de Sainte-Maure. (*Expédition en parchemin, signée Giraud et Bronod, dépositaire de la grosse jointe à la minute du contrat de mariage*)

Messire Jean-François Berthou, chevalier, S^{gr} de la Violaye, capitaine ayde-major au Régiment du Roy-Infanterie, chevalier de l'Ordre Royal et Militaire de Saint-Louis, vend avec son frère aîné, par acte passé devant Olivier et Tumoine, notaires royaux à Rennes, le 6 May 1755, la charge de conseiller au Parlement de Bretagne, dont étoit pourvu feu leur père, etc. (*Grosse en papier signée desdits notaires*).

Messire Jean-François Berthou, S^{gr} de la Violaye, chevalier de l'Ordre Royal et Militaire de Saint-Louis, capitaine au Régiment du Roy-Infanterie, fait partage avec son frère aîné, par acte sous signatures privées du 27 Aoust 1755, des biens des successions de leurs père et mère, consistant dans les château, terres et seigneuries de la Violaye, de Querverzio, de Kergounnouam [1]; les métairies et moulins de Vauroüil et la Houdinaye; l'hôtel de leur nom seis en la ville de Rennes, et l'Office de conseiller au Parlement de Bretagne, etc.; par lequel partage ledit S^{gr} de la Violaye a un tiers dans les biens nobles et moitié dans les biens roturiers, etc. (*Original en papier, signé J.-L. Berthou de Querverzio et Jean-Olivier Berthou de Kerverzio. — NOTA. Ce dernier signe: Jean-Olivier et est nommé Jean-François dans cet acte*).

Messire Jean-François Berthou, chevalier de l'Ordre Royal et Militaire de Saint-Louis, capitaine au Régiment du Roy-Infanterie, acquiert de M. le duc de Rohan, par acte passé devant Chiron et Maugendre, notaires du marquisat de Blain, le 19 Octobre 1756, à titre de pur féage noble, un bois taillis appelé le Liévreau, seis en la paroisse de Fay, contenant environ 136 journaux, mouvant ledit bois noblement de la seigneurie et marquisat de Blain, à foi et hommage et au rachat d'une paire d'éperons dorés appréciés à la somme de 24 livres tournois, outre les autres droits seigneuriaux et moyennant la somme de 120 livres tournois de rente féodale, seigneuriale et perpétuelle, etc. (*Grosse en parchemin signée desdits notaires*).

M. de la Violaye fait compte avec son frère aîné, le 18 Mars 1757, du revenu des terres et seigneuries de Vay, Kerverzio et la Violaye, par l'événement duquel il lui est dû par sondit frère la somme de 1.540 livres, 10 sous, 8 deniers. (*Original en papier signé J.-L. Berthou de Queverzio*).

Messire Jean-François Berthou-Kerverzio de la Violais, chevalier, S^{gr} de la Violais et autres lieux, chevalier de l'Ordre Militaire de Saint-Louis, capitaine au Régiment du Roy-

---

1. *Lire: Kergounnouarn.*

Infanterie, et dame Jeanne-Etiennette Guillaume de Chavaudon Sainte-Maure, son épouse, sont nommés dans l'extrait de baptême de Charles-Etienne, leur fils, du 27 Octobre 1758. (*Extrait signé Poitevin*).

Messire Jean-François Berthou, S^{gr} de la Violais, reçoit de son frère, quittance sous signature privée, de la somme de 10.500 livres qu'il lui a payée le 8 Janvier 1761. (*Original en papier signé J.-L. Berthou de Querverzio*).

M. Jean-François Berthou de la Violaye est inscrit au rolle de Messieurs de l'Ordre de la Noblesse qui ont assisté aux Etats assemblés dans la ville de Rennes en l'année 1780, d'après un certificat délivré par le greffier des Etats de Bretagne, le 15 Janvier 1781. (*Original en papier signé de la Bintinaye*).

M. Berthou de la Violaye est imposé sur les rôles de la Capitation de la Noblesse de la paroisse de Fay, Evêché de Nantes, pour l'année 1781, suivant un certificat délivré par les commissaires des Etats de Bretagne, le 1er Aoust oudit an. (*Original en papier signé: l'abbé de Hercé, Martel et Guérin de Beaumont*).

Messire Jean-François Berthou, chevalier, S^{gr} de la Violaye, chevalier de l'Ordre Royal et Militaire de Saint-Louis, ancien capitaine au Régiment d'Infanterie du Roy, et dame Jeanne-Etiennette Guillaume de Chavaudon de Sainte-Maure, son épouse, demeurant à Paris rue des Francs-Bourgeois, sont nommés dans l'extrait de baptême de leur fils, Alexandre-Jean-Baptiste-Louis, du 21 Janvier 1763.

| Jacques-Jean-Marie, 4 Septembre 1766. | Charles-Etienne, né le 26 Octobre 1758, a été baptisé le lendemain en l'église royale et paroissiale de Saint-Paul, à Paris. (*Extrait délivré le 15 Septembre 1781, par le vicaire de ladite paroisse, signé Poitevin*). | Alexandre-Jean-Baptiste-Louis, né le 19 Janvier 1763, et baptisé le vendredi 21 dudit mois, dans l'Eglise royale et paroissiale de Saint-Paul à Paris, eut pour parrain Messire Jean-Claude-Louis de Quelen, chevalier, S^{gr} de Quelen et de la Ville-Chevalier en Bretagne, capitaine des vaisseaux du Roy, chevalier de l'Ordre Royal et Militaire de Saint-Louis, commandeur des Ordres Royaux et Hospitaliers de Saint-Lazare et de N. D. du Mont-Carmel. (*Extrait délivré le 22 Septembre 1781, par le bachelier en théologie de la faculté de Paris, vicaire de ladite paroisse, signé Poitevin*). | Jean-Henry, né le 3 et baptisé le 4 Septembre 1766. (*Certificat pour la Marine, du 2 May 1782*). | Jeanne-Emilie, 4 Septembre 1766. |

— Extrait des registres de l'Eglise paroissialle de Saint-Laurent, de la ville et diocèse de Nantes, portant que le 4 Septembre 1766, y a été baptisé Jean-Henry, né de la veille, environ les quatre heures de l'après-midi, fils de Messire Jean-François Berthou, chevalier S^{gr} de la Violaye, ancien capitaine au Régiment d'Infanterie du Roy, chevalier de l'Ordre Royal et Militaire de Saint-Louis, et de dame Jeanne-Etiennette Guillaume de Chavaudon de Sainte-Maure; et a eu pour parrain Messire Jacques-Jean-Marie Berthou, et pour marraine, Jeanne-Emilie Berthou, frère et sœur de l'enfant. (*Délivré par le recteur de ladite Eglise, le 25 Aoust 1782, signé Gallouin, et légalisé le 2 May 1782*).

DOCUMENTS

concernant

LES

BERTHO

S^{rs} DE BEAULIEU, CARGOËT, VAUVERT, ETC.

DOCUMENTS

CONCERNANT

Les BERTHO, Srs de Beaulieu, Cargoët, Vauvert, etc.

I

Bibl. rue Richelieu, à Paris. Ms. fonds français, n° 8317

« Les noms, armes et généalogies de tous les gentilshommes de la province
« de Bretagne, qui ont été maintenus contradictoirement en la Chambre de la
« Réformation de la Noblesse établie par Sa Majesté, depuis le 26 Septembre
« 1668, jusqu'au 24 Mars 1671, et par le Parlement depuis cette époque. »

Tome Ier, p. 47 verso.

BERTHO

Noble Ecuyer Messire Guillaume Bertho, sieur de la Villejosse ; Ecuyer Charle Bertho, son fils ainé; Louis et Renné Bertho, ses puisnés ; Ecuyer François Bertho, sieur de Loix, son frère ; Claude Bertho, sieur de la Corneillère ; Augustain Bertho, Ecuyer, sieur de Tremilis ; Renné Bertho, Ecuyer, sieur de Licantouët.

Portent : *D'or à un épervier de sable, contourné, grilletté et sonnetté de sable, accompagné de trois molettes de sable, deux en chef et une en pointe.*

Déclarés *nobles issus d'ancienne extraction noble,* et de qualité d'Ecuyer, au rolle des nobles de la sénéchaussée de Rennes et des jurisdictions royales de Saint-Brieuc et de Ploërmel, par arrêt du 11 Décembre 1668, Monsieur Deniau raporteur.

Guillaume Bertho, deffendeur, a épousé demoiselle Françoise Bernard, dame des Geffrains [Greffins], fille de Messire Renné Bernard et de dame Françoise Grommais, S⁓ et dame des Graiffains, en Juillet 1651.

Il est fils de noble homme Thomas Bertho, Ecuyer, sieur de la Villejosse, qui épousa en Novembre 1624 demoiselle M⁓delaine Poullain, fille ainée de noble homme Pierre Poulain, et de demoiselle Françoise Le Denays, sieur et dame du Val. Ledit Thomas étoit fils de Renné Bertho, Ecuyer, sieur de la Rivière, et de demoiselle Jeanne Chaignon, dame du Verger, de la maison de la Villederien, qu'il épousa en 1589. Il eut pour sœurs demoiselles Rennée Bertho, mariée à Messire Thebault Poullain, et Marguerite Bertho, qui épousa Ecuyer Charles Guihenneuc, et Françoise Bertho, dame du Liscouët. Ledit Renné étoit fils puisné d'Allain Bertho et de demoiselle Gillette de la Motte, S⁓ et dame du Cargoët et de Beaulieu.

Ledit Allain étoit fils ainé de Jean Bertho et de dame Ysabeau (Le) [de] Crouëzé de la Rochemartin, sieur et dame de Beaulieu ; lequel étoit fils d'autre Jean Bertho et de demoiselle Marie Josset de la Cherquetière, lequel Jean Bertho est employé dans la Réformation des Nobles de l'Evêché de Saint-Brieuc en 1450, et comparut en l'endroit des Montres générales des Nobles en Juin 1477, en brigandine, salade, dague, épée, trousses et voulges, à trois chevaux. Ledit Jean Bertho étoit fils d'autre Jean Bertho et de Jacquette Gloris.

Demoiselle Hélic Bertho, fille de Messire Mathurin Bertho, S⁓ du Cargouët et de Vauvert, dont la succession se partageoit en 1605, fut mariée à Antoine du Breil, S⁓ du Closneuf.

Ollive Bertho, autre fille dudit Mathurin, mariée à Philippe Pinart, sieur de Cadoualan.

Secondement : Claude Bertho, autre deffendeur, est fils unique de Jacques Bertho, sieur de la Forière, et de demoiselle Marie de Bruc, qui contractèrent mariage en 1638. Ledit Jacques était issu de Jullien Bertho et de demoiselle Guyonne de Couespelle, sieur et dame de Licantouët.

Ledit Jullien étoit issu de Jean Bertho et de demoiselle Françoise de Here, sa première femme. Il fut marié en secondes nopces avec demoiselle Françoise des Désers. Ledit Claude a épousé demoiselle Guillemette Rouxel, fille ainée de Messire Gilles Rouxel et de dame Jullienne de Kergus, sieur et dame de Pérouze, le 24 Juin 1668.

Troisièmement : Augustin Bertho, sieur de Tremelys, est fils d'Ecuyer Jean Bertho et de demoiselle Renée du Boisbilly. Ledit Jean fils de Jullien Bertho et de demoiselle Anne du Fai, sieur et dame de Tremelys. Ledit Jullien issu de Hervé Bertho et de demoiselle Jeanne Le Moënne; et ledit Hervé, fils de Jean Bertho, de son premier mariage avec demoiselle Catherinne Rouxel; lequel Jean étoit fils puisné de Jean Bertho et de demoiselle Ysabeau le Croizé.

La preuve passe 200 ans.

Le gouvernement noble établi sur tous les degrés où il y a occasion de partage, soutenu de la réformation de 1453.

(Ibidem, page 48) :

BERTHO

Demoiselle Catherinne Chapdelaine, veuve de François Bertho, Ecuyer, sieur des Hayes, tutrice de demoiselle Françoise Bertho, leur fille unique, et Vincent Bertho, Ecuyer, sieur de Bellouze, frère juveigneur dudit sieur des Hayes; — Dame Jacquemine des Conquets, tutrice de demoiselle Georgine Bertho, fille ainée de son mariage avec Ecuyer Rolland Bertho, vivant sieur du Reposouër, et de Jacquemine Bertho, sa fille puisnée; — et Ecuyer Jean Bertho, sieur de Lescoublière.

Dame Louise de la Vigne, tutrice de Jacques Bertho, Jean Bertho et Claude-Louis Bertho, enfans de son mariage avec Guillaume Bertho, Ecuyer, sieur de Lescouët,

Portent : *D'or à un épervier de sable, contourné, grilleté et sonnetté de gueules, accompagné de trois molettes de sable : 2, 1.*

Déclarés *nobles issus d'ancienne extraction noble :* lesdites filles maintenues en la qualité de demoiselles; lesdits mâlles en celle d'Ecuyer, au rolle des nobles de la sénéchaussée de Rennes et de la jurisdiction royale de Saint-Brieuc, par arrêt du 18 Juin 1669, M. Deniau raporteur.

François Bertho, en son vivant Ecuyer, sieur des Hayes, père de Françoise Bertho et mari de ladite Catherinne Chapdelaine, étoit fils ainé d'Ecuyer Morice Bertho et de demoiselle ..... Desnos, de la maison des Fossés, et avoit pour frère puisné ledit Vincent Bertho, sieur de Belouze, défendeur.

Ledit Morice étoit fils juveigneur de Mathurin Bertho, sieur de Cargoët ; ledit (Allain) [Mathurin], fils de Jean Bertho et de dame Ysabeau le Crouaizé de la Roche-Martin ; ledit Jean Bertho, fils de Jean Bertho et de demoiselle Marie Josset de la Cherquetière.

Secondement : Messire Rolland Bertho, sieur du Reposoir, qui fut mari en son vivant de ladite Jacquemine des Conquets, étoit fils aîné de Philipes Bertho, sieur du Plessix et du Reposoir, et de demoiselle Marguerite de Saint-Guidas. Ledit Philipes étoit fils aîné d'Ecuyer Jean Bertho et de demoiselle Marguerite Cotté. Ledit Jean Bertho étoit fils puisné de noble homme Allain Bertho et de demoiselle Gilette de la Motte, sieur et dame du Cargoët, Vauvert, etc.

Troisièmement : Jean Bertho, Ecuyer, sieur de Lescoublière, autre deffendeur, est fils aîné d'Ecuyer Jean Bertho et de demoiselle Marguerite Mouësan, sieur et dame de Vauvert. Ledit Jean Bertho étoit fils d'autre Jean Bertho et de demoiselle Margueritte Cotte, sieur et dame de Vauvert et du Reposoir, et eut pour sœur demoiselle Françoise Bertho, mariée avec Ecuyer Charles de la Moussays, sieur de la Follenaye.

Quatrièmement : Guillaume Bertho, Ecuyer, sieur de Lescouët, mari en son vivant de laditte dame Louise de la Vigne, étoit fils aîné de Charles Bertho, Ecuyer, et de demoiselle Françoise Bertho, sieur et dame de Lescouët. Ledit Charles étoit fils aîné d'Ecuyer Ollivier Bertho et de demoiselle Françoise Halna, sieur et dame du Brignon et de Lescouët. Ledit Ollivier étoit fils aîné de Renault Bertho, fils d'autre Ollivier Bertho et de demoiselle Julienne Baucher, sieur et dame de la Glochais. Ledit Ollivier, fils aîné d'autre Ollivier et de demoiselle Guillemette Visdelou ; et ledit Ollivier, fils de Jean Bertho et de demoiselle Marie Josset, sieur et dame de la Marre. Demoiselle Marguerite Bertho, fille aînée d'Ecuyer Ollivier Bertho et de Françoise Halna, épousa en Janvier 1609, Ecuyer Georges du Breil, sieur de la Garde, Pontbriand.

La preuve est par attache à la maison des Bertho de la Marre et du Cargouët, maintenues par arrêt du 11 Décembre 1668, dans la personne de Messire Guillaume Bertho, sieur de la Villejosse, chef de nom et d'armes.

II

Bibliothèque rue de Richelieu, à Paris. Cabinet des Titres. Cabinet d'Hozier. (Dossiers marron clair [1]*).*

BERTHO (n° 1034).

D'or à un épervier de sable, la teste contournée, longé et grilleté de mesme, perché sur une branche de ..... de sinople, accompagné de trois molettes de sable, posées deux en chef et une en pointe.

BERTHO, S^{gr} de Cargouët (Bretagne), Avril 1715.

(Les trois premiers actes sont extraits de l'arrest des Commissaires de Bretagne, rendu en faveur de Charles de Sauvaget, baron d'Esclaux, l'an 1668. Renvoi à Pinart-Cadualan).

1627. — *Kerboudet à Nantes, du Halgoët et Budes.* — Contract de mariage de noble et puissant Messire Jean de Sauvaget, chevalier, S^{gr} baron

---

1. Dans ce « Cabinet d'Hozier » le catalogue ne porte rien au mot Berthou, mais seulement à Bertho. D'Hozier mêle les armes des deux familles qui d'ailleurs remontent à un auteur commun. L'article correspondant à celui-ci pour les Berthou, se trouve dans les « Carrés de d'Hozier ». Voir « Carrés de d'Hozier », vol. 88 : Berthou.

d'Esclaux et S⁰ʳ de Saint-Mirel, accordé le 10 de Novembre de l'an 1627 avec dame Olive Bertho, veuve de Messire Pierre de Kerboudet, vivant S⁰ʳ de Courpéan, conseiller du Roi et Maître des Comptes à Nantes, et fille aînée de noble et puissant Messire Jacques Bertho et de dame Caterine du Halgoët, sa femme, S⁰ʳ et dame de Cargoët, et assistée de dame Renée Budes, sa grand'mère maternelle, dame douairière de Kergresq. Ce contrat signé Le Gros et Dolus.

1601. — Du Halgoët et Budes. — Contract de mariage de noble et puissant Jacques Bertho, S⁰ʳ de Cargoët et châtelain de Vauvert, accordé le 2ᵉ d'Octobre de l'an 1601, avec demoiselle Caterine du Halgoët, fille de noble homme M. Philipes du Halgoët, S⁰ʳ de Kergresq, conseiller au Parlement de Bretagne, et de demoiselle Renée Budes, sa femme. Ce contrat signé Baudet et de Ruffet.

1603. — Papin et Malestroit. — Transaction faite le 18ᵉ de Décembre de l'an 1603, entre Messire Jacques Bertho, S⁰ʳ de Cargoët, et Messire Josias Papin, S⁰ʳ de la Tréminière et du Pont-Callouet, fils aîné et héritier principal et noble de Messire Jean Papin, vivant S⁰ʳ de la Tréminière et du Pont-Callouet, chevalier de l'ordre du Roi, sur les diférends qu'ils avoient pour l'assiette de partage, que ledit S⁰ʳ de Cargoët demandoit comme représentant Françoise de Malestroit dans la succession de Messire Louis de Malestroit, vivant S⁰ʳ du Pont-Callouet. Cet acte signé Mérant et Cormain.

1604. — (Voir ce contrat plus au long à Pinart de Cadoalan). Du Halgoët de la Rocherousse. — Contract de mariage de noble homme Philipes Pinart, S⁰ʳ de Cadoalan, accordé le 24ᵉ de Novembre de l'an 1604, avec demoiselle Olive Bertho, dame de Crasmaignan, fille puisnée de la maison de Cargoët en Meslin, et assistée de Julien Bertho, son curateur, S⁰ʳ de Licantonei [Licantouet] et de la Ferrière, de nobles hommes Jacques Bertho, S⁰ʳ de Cargoët, de Vauvert et de Maritaine, de MM. Jean du Halgoët, S⁰ʳ de la Rocherousse, conseiller au Parlement de Bretagne, et de René Bertho, Ecuyer, S⁰ʳ de la Rivière et de la Villejissés [1]. Ce contract signé Philipes Pinart et Olive Bertho et passé devant Vigée, notaire à Lamballe.

---

1. *Sic sans doute pour* Villejosse.

1625. — *(Voir cet acte plus au long à Pinart-Cadoalan). Poulain du Guéféron et du Breil.* — Acceptation de la tutelle de René et de Guillaume Pinart, faite devant le sénéchal de Guingamp, *le 28ᵉ de Juin de l'an 1625*, par demoiselle Olive Bertho, leur mère, veuve de noble homme Philipes Pinart, Sᵍʳ de Cadoalan, du consentement de dame Caterine du Halgoët, dame douairière du Cargoët, curatrice de Messire René Bertho, Sᵍʳ de Cargoët, cousin germain desdits mineurs ; de nobles homes René Bertho, Sᵍʳ de la Rivière, leur oncle, frère de leur ayeul maternel ; de nobles homes Pierre Poulain, Sᵍʳ du Guéféron, leur oncle à cause d'Anne Bertho, sa femme ; de noble homme Olivier Bertho de Beignon et de Lescoët, leur cousin au quatrième degré ; de Maurice Bertho, Ecuyer, Sᵍʳ de Vauvert, et de Cristophe Bertho, Ecuyer, Sᵍʳ des Haies, leurs oncles maternels, et d'Antoine du Breil, Ecuyer, mari de demoiselle Hélie Bertho, leur tante maternelle. Cet acte signé : Le Goff.

1605. — *Cet acte et les suivants sont extraits du procès-verbal des Preuves de la Noblesse de Guillaume Pinart de Cadoalan, reçu chevalier de Malte au grand prieuré d'Aquitaine, au mois de Septembre 1635.* — Partage de la succession de haut et puissant Mathurin Bertho et de Marguerite Le Denais, sa femme, héritière de la maison de la Roche-le-Denais, vivans Sᵍʳ et dame de Cargoët ; fait le 17ᵉ de Mai de l'an 1605, entre Messire Jacques Bertho, leur fils aisné et héritier principal, Sᵍʳ de Cargoët, et dame Olive Bertho, sa sœur, etc. Cet acte signé : Bignon et Bignerel.

1628. — *Le Denais et du Halgoët.* — Partage de la succession de dame Marguerite Le Denais, fait le 28ᵉ d'Avril de l'an 1628, entre Messire Maurice Bertho, Sᵍʳ de Vannes [sic], et dame Olive Bertho, dame douairière de Cadoalan, ses enfans, et dame Caterine du Halgoët, leur belle-mère, curatrice de Messire René Bertho, son fils aisné, Sᵍʳ de Cargoët, héritier principal et noble de ladite Marguerite Le Denais, son ayeule. Cet acte signé : Le Cogniec et Le Mesle, notaires.

1582. — *De la Motte.* — Partage fait le 24ᵉ de Juin 1582, entre Messire Mathurin Bertho et ses frères juvigneurs, enfans de Messire Alain Bertho et de dame Gilette de la Motte, sa femme, vivans Sᵍʳ et dame de Cargoët, et Messire Jean Bertho, Sᵍʳ de Vauvert. Cet acte signé : Morel et Josset.

1582. — Partage fait le 20ᵉ de Septembre 1582, entre nobles homs Jaques Bertho et le Sᵍʳ de Cargoët, son frère. Cet acte signé : Jaques Bertho.

1592. — *Le Denais.* — Partage fait le 18ᵉ d'Avril 1592, entre nobles homs René Bertho, Sgr de la Rivière et de dame Marguerite Le Denais, sa belle-sœur, veuve de Mathurin Bertho, son frère aîné, Sgr de Cargoët. Cet acte signé : Cadec.

1592. — Partage fait le 28ᵉ d'Aoust 1592, entre ladite Marguerite Le Denais et demoiselle Françoise Bertho, dame de Beauchesne. Cet acte signé : Cadec et Mahé.

1564. — Décret du mariage de Mathurin Bertho, Sgr de Cargoët, avec dame Marguerite Le Denais, héritière de la maison de La Roche, du 16 Octobre 1564. Cet acte signé : Bocher.

1576. — *Sauvaget des Clos.* — Transaction faite le 10ᵉ de Mars 1576 entre lesdits Mathurin Bertho et Marguerite Le Denais, sa femme, d'une part, et dame Hélène Sauvaget, veuve de Messire Thomas Le Denais, vivant Sgr de la Roche, père et mère de ladite Marguerite Le Denais, sur les différends qu'ils avoient pour le douaire de ladite Hélène Sauvaget. Cet acte signé : Jamin.

1559. — *Le Denais, Sauvaget et Le Felle.* — Partage fait le 12ᵉ de Septembre 1559, entre Thomas Le Denais, à cause de dame Hélène Sauvaget, sa femme, Sgr et dame de la Roche, et Messire Cristophe Sauvaget, son frère aîné, Sgr d'Esclaux, [fils] de Messire Jaques Sauvaget et de dame Jaqueline Le Felle, sa femme, Sgr et dame d'Esclaux, leurs père et mère. Cet acte signé : de Couëpelle et Boudan.

1584. — Aveu donné le 8ᵉ d'Aoust 1584, par lesdits Mathurin Bertho et Marguerite Le Denais, Sgr et dame de Cargoët et de la Roche-au-Denais, à très-haut et très-puissant Prince, Philipes-Emmanuel de Lorraine et dame Marie de Luxembourg, sa femme, duc et duchesse de Penthièvre et de Mercœur. Cet acte reçu par Le Prévost et Chappel, notaires à Pentièvre.

1542. — *De la Motte-Cargoët et Le Voyer.* — Contract de mariage de Messire Alain Bertho, Sgr de Beaulieu, acordé le 10ᵉ de Février de l'an 1542, avec demoiselle Gilette de la Motte, fille aînée de Messire Tristan de la Motte et de dame Georgine Le Voyer, sa femme, vivans Sgr et dame de Cargoët. Ce contrat signé : Le Texier et Lesmeleuc.

1563. — *De la Motte [Cargoët].* — Quitance de droits de rachat, donnée le 22 Décembre 1563, auxdits Alain Bertho et Gilette de la Motte, sa femme, comme héritière de Bertrand de la Motte, son frère aîné, vivant S^{gr} de Cargoët. Cet acte signé : Jean de Bretagne, contresigné : Tournier, et scellé.

1565. — Acte du 27 Décembre 1565, par lequel le duc de Penthièvre maintient lesdits Alain Bertho et Gilette de la Motte, sa femme, S^{gr} et dame de Beaulieu, dans les seigneuries et juridictions qu'ils tenoient dans la mouvance de la cour de Lamballe. Cet acte signé : Jean de Bretagne, et contresigné : De Gripon.

1540. — *De la Motte et d'Argentré.* — Aveu donné le 7e d'Avril 1540, par Messire Guillaume de la Motte à Messire Pierre d'Argentrai, com^{re} établi par le Roi pour la réception des aveux dus au comte de Penthièvre. Cet acte signé : Guillaume de la Motte.

1547. — Homage fait au comte de Penthièvre le 23 Octobre 1547, par Alain Bertho, à cause des terres et seigneuries qu'il possédoit dans la juridiction de Lamballe. Cet acte signé : Jean de Bretagne, et scellé.

1573. — *Le Crouëxé et de la Motte.* — Partage de la succession de nobles gens Jean Bertho et Isabeau Le Crouëxé, sa femme, vivant S^{gr} et dame de Beaulieu, fait le 8e de Septembre 1573, entre Messire Maturin Bertho, leur petit-fils, assisté de Gilette de la Motte, sa mère, dame de Cargoët, veuve d'Alain Bertho, S^{gr} de Beaulieu ; et Messire Jean Bertho, S^{gr} de Licantois, frère juvigneur dudit Alain Bertho. Cet acte signé : Bocher et Jocet.

1506. — *Le Crouëxé et du Boishardi.* — Contract de mariage de Messire Jean Bertho, S^{gr} de Beaulieu, accordé le 6e de Janvier 1506, avec demoiselle Isabeau Le Crouëxé, fille de la maison du Rochai, et veuve en premier mariage de Jaques de Boishardi, Ecuyer, S^{gr} du Boishardi. Ce contract signé : Le Corgne et Dollet.

1538. — Aveu donné le 7e d'Octobre 1538, par ledit Jean Bertho et Isabeau Le Crouëxé, sa femme, S^{gr} et dame de Beaulieu, des maisons, terres et seigneuries qui leurs apartenoient tant de la succession de nobles gens Jean

1592. — *Le Denais.* — Partage fait le 18e d'Avril 1592, entre nobles homs René Bertho, Sgr de la Rivière et de dame Marguerite Le Denais, sa belle-sœur, veuve de Mathurin Bertho, son frère aîné, Sgr de Cargoët. Cet acte signé : Cadec.

1592. — Partage fait le 28e d'Aoust 1592, entre ladite Marguerite Le Denais et demoiselle Françoise Bertho, dame de Beauchesne. Cet acte signé : Cadec et Mahé.

1564. — Décret du mariage de Mathurin Bertho, Sgr de Cargoët, avec dame Marguerite Le Denais, héritière de la maison de La Roche, du 16 Octobre 1564. Cet acte signé : Bocher.

1576. — *Sauvaget des Clos.* — Transaction faite le 10e de Mars 1576 entre lesdits Mathurin Bertho et Marguerite Le Denais, sa femme, d'une part, et dame Hélène Sauvaget, veuve de Messire Thomas Le Denais, vivant Sgr de la Roche, père et mère de ladite Marguerite Le Denais, sur les différends qu'ils avoient pour le douaire de ladite Hélène Sauvaget. Cet acte signé : Jamin.

1559. — *Le Denais, Sauvaget et Le Felle.* — Partage fait le 12e de Septembre 1559, entre Thomas Le Denais, à cause de dame Hélène Sauvaget, sa femme, Sgr et dame de la Roche, et Messire Cristophe Sauvaget, son frère aîné, Sgr d'Esclaux, [fils] de Messire Jaques Sauvaget et de dame Jaqueline Le Felle, sa femme, Sgr et dame d'Esclaux, leurs père et mère. Cet acte signé : de Couépelle et Boudan.

1584. — Aveu donné le 8e d'Aoust 1584, par lesdits Mathurin Bertho et Marguerite Le Denais, Sgr et dame de Cargoët et de la Roche-au-Denais, à très-haut et très-puissant Prince, Philipes-Emmanuel de Lorraine et dame Marie de Luxembourg, sa femme, duc et duchesse de Penthièvre et de Mercœur. Cet acte reçu par Le Prévost et Chappel, notaires à Penthièvre.

1542. — *De la Motte-Cargoët et Le Voyer.* — Contract de mariage de Messire Alain Bertho, Sgr de Beaulieu, acordé le 10e de Février de l'an 1542, avec demoiselle Gilette de la Motte, fille aînée de Messire Tristan de la Motte et de dame Georgine Le Voyer, sa femme, vivans Sgr et dame de Cargoët. Ce contrat signé : Le Texier et Lesmeleuc.

1563. — *De la Motte (Cargoët).* — Quitance de droits de rachat, donnée le 22 Décembre 1563, auxdits Alain Bertho et Gilette de la Motte, sa femme, comme héritière de Bertrand de la Motte, son frère ainé, vivant S^{gr} de Cargoët. Cet acte signé : Jean de Bretagne, contresigné : Tournier, et scellé.

1565. — Acte du 27 Décembre 1565, par lequel le duc de Penthièvre maintient lesdits Alain Bertho et Gilette de la Motte, sa femme, S^{gr} et dame de Beaulieu, dans les seigneuries et juridictions qu'ils tenoient dans la mouvance de la cour de Lamballe. Cet acte signé : Jean de Bretagne, et contresigné : De Gripon.

1540. — *De la Motte et d'Argentré.* — Aveu donné le 7e d'Avril 1540, par Messire Guillaume de la Motte à Messire Pierre d'Argentrai, com^{re} établi par le Roi pour la réception des aveus dus au comte de Penthièvre. Cet acte signé : Guillaume de la Motte.

1547. — Homage fait au comte de Penthièvre le 23 Octobre 1547, par Alain Bertho, à cause des terres et seigneuries qu'il possédoit dans la juridiction de Lamballe. Cet acte signé : Jean de Bretagne, et scellé.

1573. — *Le Crouëxé et de la Motte.* — Partage de la succession de nobles gens Jean Bertho et Isabeau Le Crouëxé, sa femme, vivant S^{gr} et dame de Beaulieu, fait le 8e de Septembre 1573, entre Messire Maturin Bertho, leur petit-fils, assisté de Gilette de la Motte, sa mère, dame de Cargoët, veuve d'Alain Bertho, S^{gr} de Beaulieu ; et Messire Jean Bertho, S^{gr} de Licantois, frère juvigneur dudit Alain Bertho. Cet acte signé : Bocher et Jocet.

1506. — *Le Crouëxé et du Boishardi.* — Contract de mariage de Messire Jean Bertho, S^{gr} de Beaulieu, accordé le 6e de Janvier 1506, avec demoiselle Isabeau Le Crouëxé, fille de la maison du Rochai, et veuve en premier mariage de Jaques de Boishardi, Ecuyer, S^{gr} du Boishardi. Ce contract signé : Le Corgne et Doüet.

1538. — Aveu donné le 7e d'Octobre 1538, par ledit Jean Bertho et Isabeau Le Crouëxé, sa femme, S^{gr} et dame de Beaulieu, des maisons, terres et seigneuries qui leurs apartenoient tant de la succession de nobles gens Jean

Bertho et Marie Jocet, père et mère dudit S^{gr} de Beaulieu, que des aquisitions qu'ils avoient faites d'héritages mouvans de très-haut et très-puissant Jean de Bretagne, comte de Penthièvre. Cet acte signé : Le Texier, de Grippon, Le Royer, Bélosse et Perceval.

Bibliothèque rue Richelieu, à Paris. Cabinet des Titres. Cabinet d'Hozier. (Dossiers marron clair).

III

BERTHO (suite). — N° 1034

Bertho, de Beaulieu (Bretagne). Avril 1715. (Voir Sauvaget d'Esclaux et Pinart-Cadoalan).

M. Jean Bertho, Sgr de Beaulieu, au comté de Ponthièvre, et Marie Jocet, sa femme, vivant l'an 1480.

Jean Bertho, Sgr de Beaulieu, partagea Julienne Bertho, sa sœur, le 13 Mai 1540. Il épousa, le 6 Janvier 1506, Isabeau Le Crouéxé, fille de N. Le Crouéxé, Sgr du Rochai, et veuve de Jacques du Boishardi, Ecuier, Sgr du Boishardi.

Julienne Bertho, partagée par son frère, le 13 Mai 1540.

Alain Bertho, Sgr de Beaulieu l'an 1573, épousa le 10 Février 1542, Gilette de la Motte, dame de Cargoët, petite-fille de Guillaume de la Motte, Sgr de Cargoët et de Vauvert, et de Françoise de Malestroit, et fille de Tristan de la Motte, Sgr de Cargoët et de Georgine Le Royer [Voyer], ledit Tristan, frère de Bertrand de la Motte, Sgr de Cargoët [1], mort au mois de Décembre 1573, sans enfant.

Jean Bertho, Sgr de Licantois, partagé par Alain Bertho, son frère ainé, le 8 Septembre 1573.

René Bertho, Sgr de la Rivière, partagé le 18 Août 1592, vivoit encore l'an 1625.

Mathurin Bertho, Sgr de Cargoët, ressort de Lamballe, donna un aveu au seigneur de Ponthièvre le 18e d'Aoust 1584. Il transigea le 18 Décembre 1603 avec Marc de Rosmadec et Jeanne de Monthourcher, comme héritière de Louis de Malestroit, qui avoit promis partage à noble homme Guillaume de la Motte, Ecuier, à cause de Françoise de Malestroit, sa femme, au droit desquels led. Mathurin Bertho étoit [subrogé] comme fils de Gilette de la Motte, fille desd. Guillaume de la Motte et Françoise de Malestroit. — Suivant un décret du 14 Octobre 1564, il épousa Marguerite Le Denais, fille et héritière de Thomas Le Denais, Sgr de la Roche-au-Denais, et d'Hélène Sauvaget d'Esclaux ; et ils vivoient encore l'an 1601.

Gillette Bertho, partagée par Mathurin Bertho, son frère, le 14 Juin 1581.

Jacques Bertho, partagé le 20 Septembre 1582.

Jean Bertho, Sgr de Vauvert, partagé comme juveigneur le 24 Juin 1582.

Françoise Bertho, dame de Beauchesne, fut partagée le 28e d'aoust 1592.

Anne Bertho, femme de Pierre Poulain, Sgr du Guéféron, l'an 1625.

Jacques Bertho, Sgr du Cargoët, épousa le 2 Octobre 1601, Catherine du Halgoët, dame de la Ville-Hercouët, fille de Philipes du Halgoët, Sgr de Kergrec'h et de la Rocherousse, Conseiller au Parlement de Bretagne, et de Renée Budes.

René Bertho, Président au Parlement de Bretagne, morts sans enfant.

Christophe Bertho partagea avec sonfrère ainé Jacques Bertho, le 17 Mai 1605, Sgr des Haies, l'an 1628.

Maurice Bertho, Ecr, Sgr de Vannes et de Vauvert, partagea la succession de Marguerite Le Denais le 28 Aoust 1628.

Julien Bertho, Sgr de la Ferrière, l'an 1604.

Hélie Bertho, femme d'Anthoine du Breil, Ecuier, l'an 1628.

Olive Bertho épousa le 14 Novembre 1604, Philippes Pinart, Sgr de Cadoalan.

René Bertho, Sgr de Cargoët, mineur l'an 1628, puis Président au Parlement de Bretagne, mort sans postérité avant l'an 1656. (Voir à Budes, dans l'Histoire du maréchal de Guébriant, folio 113).

Olive Bertho, dame de Cargoët, épousa en premières noces Pierre de Kerboudet, Sgr de la Courpéan, Maître des Comptes à Nantes, et en deuxièmes noces, le 10 Novembre 1627, Jean de Sauvaget, Sgr des Claux, enseigne des gendarmes de la Reine.

Olivier Bertho, Sgr du Bignon et de Lescoët, cousin au 4me degré des enfans d'Olive Bertho, dame de Cadoalan, l'an 1628.

1. Les mots qui suivent sont rayés dans l'original.

IV

Bibliothèque rue de Richelieu, à Paris. Cabinet des Titres.

Carrés de d'Hozier

Volume 88, pages 127-130

Bertho

Du vendredi 3 Mars 1581
Original en parchemin

Titre de Bertho communiqué avec la Lande de Caslan

Transaction faite le vendredi 3e du mois de Mars 1581, entre nobles homs Mathurin Bertho, S^{gr} de Cargouët et de Vauvert, demeurant au manoir seigneurial de Cargouët, paroisse de Meslin, fils aîné et héritier principal et noble de feus nobles homs Allain Bertho et demoiselle Gillette de la Motte, sa femme, S^{gr} et dame de Cargouët, de Vauvert, de Maritaine, de la Villejosse et des Hayes, d'une part, — et demoiselle Ollive Bertho, sa sœur, femme de Gilles de la Lande, Écuyer, S^{gr} de Caslan, demeurant audit lieu, paroisse de Pléboulle, par laquelle transaction, pour terminer les procès et différens meus entre lesdites parties, sur le partage, en noble comme en noble et en partable comme en partable, demandé par ladite dame de Caslan, dans la succession desdits feus S^{gr} et dame, ses père et mère, dont les immeubles montaient à la somme de 3.000 écus sol de rente, et les meubles à celle de 20.000 écus, contre laquelle demande ledit S^{gr} de Cargouët ayant allégué que lesdits biens étoient de beaucoup moindre valeur, et que lesdites successions étoient de gouvernement noble et avantageux, et comme telles avoient été régies de tout temps noblement et avantageusement selon l'assise du comte Geffroy, savoir les deux tiers à l'aîné et le tiers aux juveigneurs, les fils à viage et les filles par héritage ; — laditte dame avoit obtenu une provision de 500 livres tournois, revenant à 166 écus deux tiers, dont ledit S^{gr} de Cargouët avoit interjetté apel ; — lesdites parties, de l'avis de nobles homs Charles de Saint-Guétas, S^{gr} dudit lieu, chevalier de l'Ordre du Roi, nobles homs Jean Maupetit, S^{gr} de la Villemaupetit, gentilhomme ordinaire de la Chambre du Roi, pensionnaire de Sa Majesté, et nobles homs Thomas Poullain, S^{gr} du Val et de Beuzidel, ayant reconnu que lesdites successions étoient de gouvernement noble et avantageux, et que les noms, maisons et alliances d'où procédoient lesdits biens, s'étoient toujours gouvernés noblement et avantageusement ; savoir : dame Jeanne de Cargouët, fille de Perot de Cargouët ; dame Jeanne du Marcheix, fille de Messire Bertrand du Marcheix ; Messire Pierre de Largentaye, chevalier ; Messire Alain de la Motte, chevalier, sorti des maisons de Lorpheel et de Vauclere ; auxquelles avoit succédé Messire Pierre de la Motte, chevalier, et après lui Messires Guillaume et Gui de la Motte, aussi chevaliers, qui s'étoient alliés avec dame Jeanne du Chaffault, fille de Bertrand, S^{gr} du Chaffault et dame Marie de Rochefort ; dame Jeanne La Vache, dame de la Touche-à-la-Vache, de la Guéronnaye et de Montigny ; dame Françoise de Malestroit, mariée audit Messire Guillaume de la Motte, chevalier ; Georgine Le Voyer, fille de la maison de Trégonmar, et dame Jeanne de Miniac ; — il est convenu que ledit S^{gr} de Cargouët donneroit entre autres choses à ladite dame de Caslan, sa sœur, pour le droit, part et portion qu'elle pouvoit prétendre dans lesdites successions, le nombre de 30 pérées de froment de rente, mesure de Lamballe, à prendre sur les terres, maisons, métairies et dépendances de la Villehuslin, avec une dixme appelée *la dixme de Cargouët*. Cet acte passé dans la ville de Lamballe, et reçu par Jean Morel et Mathurin Boschier, notaires royaux de la cour de Rennes et de Lamballe.

V

Mathurin BERTHO

Seigneur de Cargouët, etc.

(*Mémoires de la Société archéologique et historique des Côtes-du-Nord. 2ᵉ série. Tome Iᵉʳ, par Ch.-F. Gaultier du Mottay. — Saint-Brieuc, Prudhomme, 1883-1885; pp. 226 et 227*).

Eglise Saint-Martin à Lamballe :

« Dans le pavé du chœur, transept sud, dalle funéraire, timbrée d'un écu, portant inscription en bordure : *Cy gist noble et vaillant Mathurin Bertho, Seigneur de Carcouët, Vauvert, des Haies, Maritaine, Cramagnan, Pré-Faruel*, (le reste effacé). XVᵉ siècle. »

ERRATA ET ADDENDA

Page 5, dernière ligne : grilleté. *Lire :* grilletté.

Page 9, ligne 6 : Evèchés de Saint-Brieuc. *Lire :* Evêché de Saint-Brieuc.

Page 11, ligne 2 : éployé... *Lire :* éployée...

Page 13, ligne 20 : barre d'argent. *Lire :* cotice d'argent.

Page 14, note, dernière ligne : seulement en 1763. *Lire :* 1744.

Page 17, ligne 1 : Marie-Aimée-Clothilde Barrin de la Galissonnière. *Ajouter en note :* Elle était fille d'Athanase-Scipion Barrin, marquis de la Galissonnière, S^{gr} de Monnières et du Plessis-Guerry, etc., capitaine de vaisseaux, mort en 1805.

Athanase-Scipion était fils de Vincent Barrin, chevalier, S^{gr} des Ruillers, les Granges, les Forges, en Bourbonnais, paroisse Saint-Romain de Rochefort, marquis de la Galissonnière depuis 1756, qui avait épousé sa cousine à l'onzième degré : Marie-Magdelaine Barrin, fille de Rolland Barrin [1], chevalier, marquis de la Galissonnière, lieutenant-général des armées navales, gouverneur du port de Rochefort, etc., et de Catherine Bégon.

Marie-Magdelaine susdite avait pour frère aîné : Rolland-Michel Barrin, marquis de la Galissonnière, lieutenant-général des armées navales, gouverneur

---

[1] *Cf.* « *Histoire maritime de la France* », par Léon Guérin. — Rolland Barrin était capitaine de brûlot au combat de Stromboli, contre Ruyter, en 1676 ; capitaine du vaisseau *le Prudent*, dans l'escadre de Duquesne contre Alger en 1683 ; capitaine du *Maure* de 52 canons, dans l'escadre de Château-Renaud sortie de Brest le 23 Juin 1690, etc.

du Canada en 1747, et vainqueur de la flotte anglaise devant Mahon en 1756 ; mort la même année sans postérité, à Nemours, se rendant à Fontainebleau, où était la cour.

Page 18, ligne 12 : Jan, S^gr des Fontaines... *Lire :* Jan S^gr des Fontaines...

Page 32, ligne 9 : Le Maistre ; lequel avoit pour fils Pierre... *Lire :* Le Maistre, lequel avoit pour fils aisné Pierre...

Page 35, ligne 32 : R. P. Querversio. *Lire :* R. P. de Querversio.

Page 47, ligne 15 : Noble homme, Escuier, Pierre... *Lire :* Noble homme et Escuier Pierre...

Page 48, ligne 18 : noblesse, d'ancienne extraction. *Lire :* noblesse d'ancienne extraction.

Ibid., ligne 28, à gauche : Messire Jean Berthou... *Lire :* Messire Jean-Olivier Berthou.

Page 49 ligne 22, à droite : Avril 1814. *Lire :* Avril 1714.

Page 56, ligne 19 : vouges. *Lire :* vouge.

TABLE DES MATIÈRES

	Pages
Introduction	5
Préface	9
Généalogie	11
Première branche	12
Seconde branche	18
Alliances	25
Pièces justificatives	27
Documents concernant les Bertho, S⁺⁰ⁿ de Beaulieu, Cargoët, Vauvert, etc.	53

www.ingramcontent.com/pod-product-compliance
Lightning Source LLC
LaVergne TN
LVHW020955090426
835512LV00009B/1923